KEYS TO RPA SUCCESS

日立ソリューションズ
松本 匡孝 著

日立ソリューションズの
RPA
成功法則

はじめに

　「RPA」という言葉を聞いて「何それ?」という人は、少なくともオフィスでビジネスをこなす「デスクワーカー」と呼ばれる人たちにはほとんどいないであろう。

　今や毎日のようにメディアに取り上げられており、国内において喫緊の課題である労働人口の減少に伴う人手不足や長時間労働対策など「働き方改革」の即効薬ともいわれ、大きな注目を集めてきた。さらに2018年6月に参院本会議にて「働き方改革関連法」が承認され、特に時間外労働の上限が規制されたことがポイントだ。

　また、業務の効率化だけでなく、人を介在せずに業務を完了することができる点や、さらに実行した結果が証跡(ログ)として残ることから、近年相次いだ不正会計や製造データの改ざんなどの不祥事などに対処できる点もRPAが注目される理由といえる。

　このようなメリットから、すでに国内でも多くの事例が公開されており、特にメガバンクや大手生命保険会社など金融業界での導入が先行しているが、もちろん製造業や流通、サービス、公共など、業種に関係なくRPAの導入は進んでいくといわれている。富士キメラ総研「2017サービスロボット/RPA関連市場の将来展望」によると、2020年にRPAの市場規模は338億円(2016年実績は59億円)に拡大すると予測されており、業種別比率を見ても金融業:26%、情報通信業:19%、製造業:21%、その他:34%となっている。

　なお、RPAについては、「プロセス改革」や「BPR」(Business Process Re-engineering)といったこれまで企業が取組んできたことと同じように語られることが多いが、あながち間違いではない。RPAにより業務を自動化するには、現状の業務プロセスでは自動化に適さない場合が多く、業務プロセスの見直し・改善を行うのが一般的である。

実はこれがPRA導入における課題の一つであり、業務プロセスの見直しは現場の業務担当者、つまりユーザー部門の協力が不可欠だからである。

　一方でRPAはユーザーがこれまでのシステム開発のような高度なプログラミングの知識がなくとも、シナリオ作成と呼ばれる簡易的なGUI操作によりロボット開発を行うことができる。ユーザーが自由にロボットを開発しユーザーの管理下で動作させることは、「野良ロボット」と呼ばれる管理者不在のロボットや、コンプライアンス違反の「闇ロボット」を防止することが難しいといった課題も発生する。

　公開されている多くの事例について、今一度考えていただきたい。

　効果の創出を明確に記載した事例であるほど、特定の業務の自動化をターゲットにしたような事例ではないだろうか。

　金融業界の事例で年間数億円のコスト削減やオペレーター人員を1/10に削減などの効果を謳っているが、一つの業務に膨大なボリュームがあり、それを自動化するだけで十分に効果を創出できるのだ。

　同じことを製造業や流通業、サービス業などの企業に置き換えてみると、一つの業務の自動化でこれほどの効果を期待できる業務が社内に存在するであろうか。

　つまり一般的な企業がRPAによる大きな効果を享受するには、小規模ではあるがさまざまな種類があり、かつ多くの業務を自動化する必要がある。しかもロボット開発は現場主導で進めながらも野良ロボットや闇ロボットを発生させない"管理・統制"と"活用支援"という相反する2つの要素を両立させながら運用することが不可欠だ。これがRPA導入の難しさである。

　RPAの導入において通常PoC（Proof of Concept：概念実証）を実施するのが一般的であるが、PoCの段階では、これら運用面の課題は表面化せず、利用部門の拡大もしくは全社導入を進める時点で表面化してくる。

はじめに

全社導入で直面する課題を以下の８つ項目にまとめてみた。

1．「野良ロボット／闇ロボットが発生する」
2．「ロボットの開発は難しい」
3．「期待したほど活性化しない」
4．「自動化できない業務が多い」
5．「ROIを算出できない」
6．「全社で管理・運用するには？」
7．「IT部門のロボット開発の負荷が大きい」
8．「セキュリティは大丈夫？」

これら８つの課題の詳細については本書で解説していくがRPA全社導入を成功に導くのは、これらの問題をどう解決するかがポイントだ。

当社はITベンダーであると同時にユーザーである。

「働き方改革」への取り組みの施策の一つとして、2016年7月にRPAの導入検討を開始し、PoCを経て2017年9月に全社展開を行った。

全社展開に向けた運用体制の構築やルール作り、ヘルプデスクの整備、開発ノウハウの蓄積により運用を行った結果、定量的な効果としては人事、総務、財務部門を中心に109業務を自動化しトータルで7,186時間を削減している。

今後もRPA導入を加速し自動化業務の範囲を拡大していく。

なお、削減された作業時間は付加価値の高い作業にシフトしているためコスト削減だけでなく売上や利益率の増加にも貢献していることはもちろん、これまで繁忙期に増加していた残業時間の平準化や、業務スケジュールに影響され社員の都合で年休取得が難しかった状況の改善は、メンタルヘルス対策やエンゲージメントの向上など働き方改革の推進にも大いに貢献している。

先に述べたRPA活用における8つの課題も解決済みである。

　本書では当社のRPA導入事例として、製品選定から社内運用体制・ルール作り、ユーザー部門への展開・定着までの取り組みについて実例をベースに記載している。

　当社が選定したRPA製品は米国Automation Anywhere社の「Automation Anywhere Enterprise」である。ただし全社運用に必要な機能を実装していれば必ずしも同社製品でなくてもよいが、全社運用に必須となる機能や製品特性については選定を行う際に参考にしていただきたい。

　本書が読者のRPA導入・活用における成功の一助になれば幸いである。

CONTENTS

はじめに………………………………………………………… 2

Chapter1　RPAの持つ可能性 ………………………… 11

1-1　RPA（Robotic Process Automatic）とは …………… 12

1-2　デスクワークへの展開………………………………… 13

1-3　粒度の小さい業務へ…………………………………… 15

1-4　RPAの進化の段階……………………………………… 16

1-5　システム間の連携を容易に実現……………………… 17

1-6　RPAが自動化する主な業務…………………………… 19

1-7　RPAが使える代表的な業務…………………………… 22

Chapter2　全体的な運用での課題ポイント ………… 27

2-1　RPAはユーザー部門が主体で使え…………………… 28

2-2　プロセス別での導入・運用の難しさ ………………… 29

2-3　導入時の８つの課題とは……………………………… 31

　　（1）「野良ロボット／闇ロボットが発生する」

　　（2）「ロボットの開発は難しい」

　　（3）「期待したほど活性化しない」

　　（4）「自動化できない業務が多い」

　　（5）「ROIを算出できない」

　　（6）「全社で管理・運用するには？」

　　（7）「IT部門のロボット開発の負荷が大きい」

　　（8）「セキュリティは大丈夫？」

Chapter3　日立ソリューションズのRPA導入の背景 ………… 45

3-1　全社で取り組む働き方改革 ……………………………… 47

3-2　改革に向けた具体的施策 ………………………………… 49

　　（1）柔軟な働き方で育児・介護退職者ゼロ！

　　（2）総実労働時間を100時間削減

　　（3）メンタル疾患罹病率をIT業界最低水準に！

3-3　RPAを必要とする複合的な理由 ……………………… 55

Chapter4　日立ソリューションズのRPAのケーススタディ … 59

4-1　最適な製品を選ぶ ………………………………………… 60

　　（1）RPA導入に向けて　………………………………… 60

　　（2）製品を選ぶチェックポイントを設ける …………… 61

　　　　① 開発しやすいか？

　　　　② 対応システムの種類は豊富か？

　　　　③ 管理機能は充実しているか？

　　　　④ 製品の環境・状況などは？

　　（3）チェックポイントを確認する ……………………… 65

　　　　① 開発しやすい？

　　　　② 対応システムの種類は豊富か？

　　　　③ 管理機能は充実しているか？

　　　　④ 製品の環境・状況などは？

　　（4）製品を選び出す決め手 ……………………………… 83

　　（5）8つの課題はどうなったか ………………………… 86

4-2 全社展開の進め方……………………………………… 91

（1）全社展開を阻む山積した課題………………………… 91

（2）はじめに準備すること………………………………… 92

　　① RPA周知と対象業務の選定

　　② ルール制定・標準化

　　③ ロボット開発

　　④ 部品・ナレッジ共有

（3）全社展開のステップ…………………………………… 96

　　①「準備」社内ルール制定・標準化

　　②「拡大」RPA周知と対象業務の選定

　　③「定着」ロボット開発・運用

（4）RPAセンターでのロボット開発…………………… 112

　　① 業務内容を把握するには

　　② Process in Visionの活用（Automation Anywhere
　　　提供）が新局面を拓く

　　③ Process in Vision活用による効果

（5）部品・ナレッジを共有して、全社展開を進める… 126

（6）全社展開に役立った必須のコンテンツ…………… 128

　　① 運用ガイドライン：必要度→Must

　　② 開発ガイドライン：必要度→Must

　　③ FAQ（Tips）：必要度→Must

　　④ サンプル・部品ロボット：必要度→Must

　　⑤ テストチェックリスト：必要度→Must

　　⑥ 仕様書サンプル：必要度→Must

　　⑦ ヘルプデスク：必要度→Must

　　⑧ 開発申請用ワークフロー：必要度→Better

　　⑨ 開発済ロボットの検索画面：必要度→Must

　　⑩フォーラム：必要度→Better

（7）導入時の「8つの課題」を解決 ………………………133

4-3　業務での実例をみる…………………………………135

（1）RPAに適している社内業務を抽出する…………135

（2）現場の活用事例をみる………………………………136

　　① 労務部門「健康管理用の勤休データの作成」業務

　　② 労務部門「持株会システムパスワード再発行」業務

　　③ 人事部門「人事調査データの作成〜送信」業務

　　④ 財務部門「業績取りまとめ表の作成」業務

　　⑤ まとめ

あとがき………………………………………………………146

表紙・扉の恐竜イラストについて

　2億数千年前から6千数百万年前まで、地球上に繁殖していたといわれる恐竜。

　太古のロマンであり地球という生物多様性の象徴です。

　彼らが絶滅した理由は、諸説ありますが巨大隕石の落下による気候変化や地殻変動など、

　環境の変化に対応できなかったことによるものと言われています。

　もし恐竜が創意工夫や知恵の限りを尽くして

　地球の環境の大変化に適応できていたなら

　今でも地球上の支配者であったかもしれません。

　現代に生きて、テクノロジーとともに進化している恐竜……

　社会や環境の変化への適応が未来を確かなものにできること、

　そんなテーマを、現代に生き残った恐竜に重ね合わせてみました。

Chapter 1

RPA
(Robotic Process Automation)
の持つ可能性

1. RPAの持つ可能性

1-1 RPA（Robotic Process Automation）とは

　あらためて"RPAとは"についてであるが「Wikipedia」には以下のように記載されている。

　「ロボティック・プロセス・オートメーション（Robotic Process Automation：RPA）とは認知技術（ルールエンジン・機械学習・人工知能等）を活用した、主にホワイトカラー業務の効率化・自動化の取り組みである。人間の補完として業務を遂行できることから、仮想知的労働者（Digital Labor）ともいわれている」

　また、RPAがもたらすインパクトとして以下が記載されている。
「これまでの自動化の取り組み（たとえばERPシステム）でカバーしきれなかった業務が自動化され、業務の効率・品質・コストが改善される。リソースの効率的な再配置や業務部門のスタッフが業務オペレーションから解放され、業務の改善やイノベーション等に取り組む時間が増える。一方IT部門のスタッフはコアなITシステム、ITサービスに集中できる」

　このように、これまで投資対効果の試算からもシステム開発による自動化対象からは除外されていた比較的規模の小さい業務も自動化し生産性を向上するという画期的なツールといえる。

　ただしRPAのテクノロジー自体は目新しいものではなく、以前からプログラム自動生成ツールやデバッグツール、テストツールなど類似した技術はあった。違いはRPAの場合コーディングの技術が不要でありプログラミング経験のないユーザーであっても、数週間のトレーニングを受けることでRPAツールを利用した自動化処理を進めることができるところであろう。特に多くのRPA製品が実装しているレコーディング機能を使えば、ユーザーがシステムに対してGUI操作のレコード（記録）を行うことでシナリオ（ソフトウェアロボットプログラム）が自動生成され、これを基にエディタで条件分岐や繰り返しなど

12

いくつかの処理を追加するだけで業務が自動化できる。

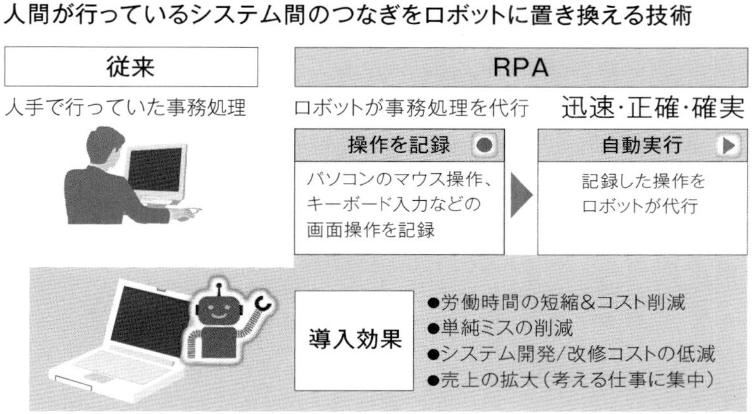

人間が行っているシステム間のつなぎをロボットに置き換える技術

従来	RPA
人手で行っていた事務処理	ロボットが事務処理を代行　迅速・正確・確実

操作を記録 ●
パソコンのマウス操作、
キーボード入力などの
画面操作を記録

自動実行 ▶
記録した操作を
ロボットが代行

導入効果
●労働時間の短縮＆コスト削減
●単純ミスの削減
●システム開発/改修コストの低減
●売上の拡大（考える仕事に集中）

図1-1　RPAとは？

1-2 デスクワークへの展開

　企業内の業務担当者を分類すると大きくは、フィールドワーカー（現場作業者）とデスクワーカー（事務作業者）に分類される。

　また、業務を大きく分類すると人が担ってきた業務とシステムによる業務に分けることができる。

　システムによる業務については、フィールドワーカーは製造業に代表されるように産業用ロボットにより現場のオートメーション化が行われ、デスクワーカーについてもメインフレームやERPシステムなどにより基幹系業務を中心にシステム化されてきた。

　これまで人が担ってきた業務に関しては「思考・技術依存」と「定型・反復」の2つに分類される。「思考・技術依存」の業務はAIの進

1. RPAの持つ可能性

化により将来は自動化(自立化)の可能性はあるが現状では人が行うことが一般的である。一方「定型・反復」の業務に関しては、製造業の現場では約30年前からオートメーション化が進んでいるが、デスクワークではPCを活用したシステムへの入力やOfficeファイルの編集など、いまだに人が手で行っている作業がほとんどである。デスクワークは各作業者により業務内容や操作するシステムはさまざまであり一つひとつの作業ボリュームはさほど大きくないため、個別に自動化することはコスト的に見ても採算が合わない。

ところがRPAの登場により、ついにこのデスクワークの自動化が可能になったのだ。

なぜなら自動化に大規模な投資は必要なく、自動化を行うシナリオ開発もプログラム開発のスキルを必要としないためデスクワークを行う作業者自ら開発することができるからである。

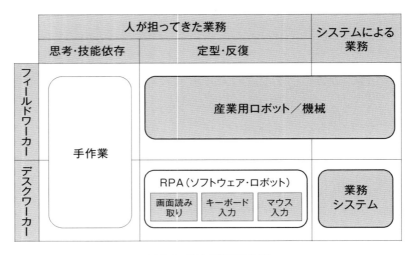

図1-2　RPAの適用範囲①

1-3 粒度の小さい業務へ

　さらに業務のRPA適用範囲を業務規模でみると「量が多い業務」と、「粒度の小さい業務」に分類される。

　RPAの適用は"業務量が膨大"と考えられることが多いが、「毎日」、「大量」、「繰り返し」行われる量が多い業務は投資対効果の見合うところであるため、システム開発またはBPO（ビジネス・プロセス・アウトソーシング）にて外部に委託することで、すでに「IT投資による効率化」を行っている企業が一般的である。

　一方、社員個々のデスクワークである粒度の小さい業務はシステム化しても費用対効果が期待できず今でも人海戦術で対応している。この部分が「RPA適用による効率化」の対象だ。個々のボリュームは小さくても、数が膨大にあるため積上げると大きな効果が見込める部分である。

「IT投資による効率化」と「RPA適用による効率化」の考え方
- 「毎日」「大量」「繰り返し」行われる業務は、IT投資（システム開発/BPO）で効率化
- システム化しても費用対効果が期待できない業務は今でも人海戦術で対応しておりこの部分をRPA適用で効率化

個々のボリュームは小さくても、数が膨大にあるため積上げると大きな効果が見込める

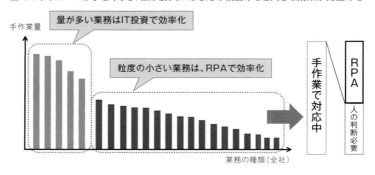

図1-3　RPAの適用範囲②

1-4 RPAの進化の段階

RPAの進化の段階について触れておく。

進化の段階をClass 1〜3で表現すると、Class 1でできることは「定型業務の自動化」で対象となる業務は、「情報の読み取り」、「入力作業」、「検証作業」などである。

Class 2の段階では「一部非定型作業の自動代行」が可能になり、「例外対応」や「自己学習」により人の判断が必要な業務もある程度までは人が介在せずに推進することができる。

たとえば紙媒体の帳票からデータの抽出を行うのであれば、ディープラーニングにより必要なデータのみを高度に抽出することや、会計処理における入金データの消し込みなどはデータ分析に基づくデータの突き合わせにおける高度な判断が可能になる。

Class 3に至ると「高度な自動化」により、「意思決定」、「高度な情報分析」、「複雑な業務処理」ができるため、これまで人が思考と判断により処理していたデスクワークのほとんどの自動化が可能になる。

ちなみに現在の進化は各RPAメーカーやITベンダーが、データ抽出にディープラーニングを実装したOCRのソリューションを組み合わせるといったように、Class 2の初期段階に入ったところであろう。

現段階でRPAによる自動化はルールベースの定型的な業務に限られることは確かだが、業務プロセスの中ですべてに人の判断が必要でなければ、自動化できる部分は意外に多い。

たとえば、データ収集や成型の前処理にRPAを活用し、その結果を参照して次工程への判断を人が行った後に、レポート作成やExcelマクロ実行などの後工程にRPAを活用するといった人の作業とRPAを組み合わせたハイブリッド型の業務フローを定義することで、かなりの業務が自動化できるものと考えられる。

オックスフォード大学の研究によると、機械学習・人工知能等の

RPAを構成する要素技術の発達により、今後おそらく10〜20年程度でアメリカの47%の雇用が自動化される潜在的な可能性があると推測されているが、人とRPAが共存することでより近い将来でこの数字は達成できるレベルであると思われる。

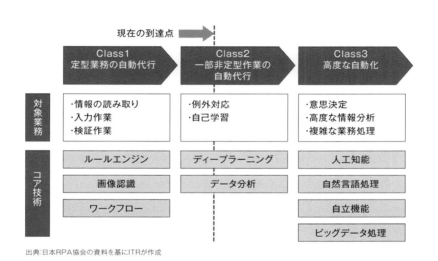

図1-4　RPAの進化の段階

1-5 システム間の連携を容易に実現

　RPAは"システム開発"の観点からも注目されている。
　複数の他システムの連携を行う方式としては、データベースへ直接アクセスさせてデータ連携を行う方式や、Socket、Web APIを活用したアプリケーション連携、出力したファイルを活用した連携などがあるが、いずれにしてもデータ層やロジック層を連携させる必要がある

ため、特に基幹系システムの場合は比較的規模の大きいプログラム開発が必要になる。

　一方、RPAによる自動化の場合はユーザー・インタフェース層で連携が可能なため、RPAのシナリオを準備すれば、システムに手を加えることなくシステム間の連携を実現できる。

　これまでのような重たい開発が不要なため、コストが見合わなかった業務に適用が可能となり、業務フローの変更に対してもRPAのシナリオを自社で管理していればベンダーに開発を依頼する必要もない。

　特にERP（Enterprise Resources Planning：基幹系情報システム）においては、一つの業務処理を行うために複数画面への複雑な入力操作を強いられることが多く、業務効率の向上のために業務処理ごとに専用画面を追加開発するというニーズが出てくる。そのようなニーズにRPAを適用すれば、RPAがデータの転記を自動化してくれることで専用画面を開発することなく業務の効率化が可能だ。

　このようなメリットから最近ではIT部門がユーザー部門のシステム改修ニーズに対応することを目的としてRPAを活用するパターンも増えている。

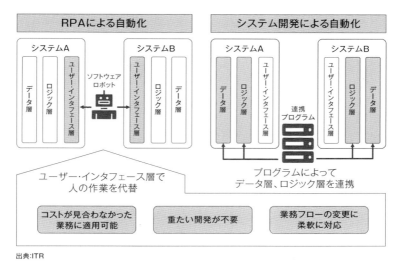

図1-5　RPAの開発自動化

1-6 RPAが自動化する主な業務

RPAで自動化できる操作例をシステムごとにまとめてみた。

Webシステム
「データ入力」
　あらかじめ入力対象データをCSV／Excelなどの形式で準備し、コピー＆ペーストで業務システムに入力（転記）する作業を自動化。
「データ抽出」
　業務システムから必要なデータを自動で抽出する。抽出したデータは二次利用を行うためにExcel形式などに成型することも可能。
「アップロード／ダウンロード」
　対象のWebサイトや業務システムにCSV形式等のデータを一括

してアップロード／ダウンロードを行う。実行タイミングについては手動だけでなくスケジューリングも可能。

「インターネット情報収集」

特定のWebサイトまたは複数のWebサイトから必要な項目のみを収集することが可能。収集した情報は二次利用を行うためにExcel形式などに成型することもできる。

業務システム

「ERP ／ CRM操作」

基幹業務や顧客管理、営業支援、ドキュメント管理などに利用しているERPやCRMなどにて行う業務操作を自動化。

「Windowsアプリケーション」

財務・経理、生産管理、販売管理、在庫管理、人事・給与・勤怠管理、顧客管理などWindowsベースの各種業務パッケージへの業務操作を自動化。

「メインフレーム操作」

基幹業務に利用されているメインフレーム操作を行うダム端末やターミナルエミュレータの操作を自動化。

「UNIX操作」

メインフレームと同様に業務システムとして利用している場合はターミナルエミュレータの操作の自動化。またIT部門にて管理しているサーバ設定やメンテナンスの自動化も可能。

Microsoft Officeアプリケーション

「Excel編集」

一つの膨大なExcelデータから顧客や取引先、商品名、日付といった特定の項目ごとにExcelを分割する作業を自動化。

また、複数のExcelから必要な項目ごとに一つのExcelに情報を

統合する作業の自動化。

「Access入力」

　取引先情報入力などデータ管理を行っているAccessの入力作業を自動化。

「Excel ／ Accessマクロの実行」

　Excel ／ Accessにて作成したマクロの自動実行を行うことが可能。また複数のマクロの実行や実行のタイミングをスケジューリングすることもできる。

その他の業務

「メール送信」

　送信先リストをベースにメール送信を行う業務を自動化。またイベント発生時にメールで通知するという使い方も可能。たとえば業務システムの処理が完了した際や、不具合が発生した際などに管理者宛にメールで通知する。

「印刷作業」

　業務システムから出力される請求書や納品書などの帳票の印刷作業を自動化。

「新システムデータ移行」

　新システムの構築やシステムを更新する際、旧システムからのデータ移行作業を自動化。

「組織変更」

　組織変更に伴いActive Directoryで管理されているアカウント情報の更新作業を自動化。

1. RPAの持つ可能性

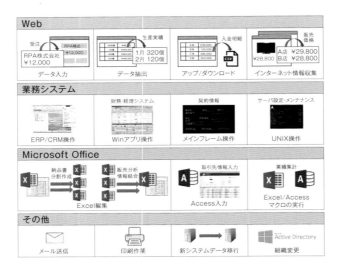

図1-6　RPAで自動化できるおもな操作例

1-7 RPAが使える代表的な業務

　RPAの適用業務に関して業務カテゴリー別に代表的な業務をピックアップし、具体的な業務内容の事例を記載する。

人事業務
「労働時間データ収集・チェック」
・勤怠管理システムから長時間残業者を抽出しリスト化を行う
・部署別残業時間を集計しレポートを作成
・インターバル規制への対応として、前日の業務終了から翌日の営業開始までのインターバル8時間以上をチェック
「福利厚生関連のデータ処理」
・出産休暇（以降「産休」と表記）／育児休暇（以降「育休」と表記）

の申請内容のチェック
- 産休／育休者の申請期間終了をチェック
- 介護休暇の申請内容のチェック
- 介護休暇の申請期間終了をチェック
- 時短勤務の申請内容のチェック
- 時短勤務の申請期間終了をチェック

「人事データ登録・修正」
- 社員名簿の作成／修正
- 各種申請データをダウンロードし、申請があった社員の情報を修正
- 勤怠管理システムから組合員データを抽出し、組合に提出する勤怠報告資料を作成

経理・財務業務

「購買／支払い処理」
- 請求書発行依頼書から請求内容をチェックし請求書を発行
- 領収書発行依頼書から領収内容をチェックし請求書を発行
- 販売データから請求先ごとに請求内容を記載した請求書を作成
- 地方税ポータルシステムから個人別住民税額をダウンロードし給与データへ反映
- 生命保険協会から保険データをダウンロードし給与データへ反映
- 買掛計上明細から取引先別に集計
- 給与システムから従業員の給与振込情報を作成し金融機関にメールを送信

「受注／入金処理」
- 会計システムから入金明細を取得し入金の消込

「財務レポート出力」
- 基幹システムから業績データを抽出し業績報告書を作成

- 新規事業投資／研究開発費の実績を集計し投資回収予実算資料を作成
- 固定資産管理システムから償却対象資産をリスト化

「その他」
- 年末調整の住宅控除申告書の内容をチェックし不備があれば本人へメール送信
- 年末調整の配偶者控除申告書の内容をチェックし不備があれば本人へメール送信
- 交通費精算で提出されたルート／金額を乗換案内サイトでチェック
- 社員の携帯電話利用明細からパケット利用超過者（不正利用者）をチェック

IT業務

「インストール、キッティング」
- システム更改時のデータ移行作業

「ログ収集管理」
- システムの利用状況を管理し、レポートを作成

「サーバ監視」
- 複数システムの監視と障害発生時のアラート通知
- システムの負荷テスト／コンテンツチェック

サプライチェーン業務

「マスタ登録・メンテナンス」
「作業依頼、指図管理」
「返品処理」

顧客サービス関連業務
　「コールセンターでの一次対応」
　「申込み受付」
　「契約チェック」

マーケティング
　「ネットニュース自動収集」
　「競合商品調査」
　「Ｗｅｂサイトのリンク切れチェック」
　「自社商品の口コミ情報を収集」
　「検索サービスから自社サイトへのアクセスデータを収集」

人事業務	サプライチェーン業務
●労働時間データ収集・チェック ●福利厚生関連のデータ処理 ●人事データ登録・修正	●マスタ登録・メンテナンス ●作業依頼、指図管理 ●返品処理
経理・財務業務	顧客サービス関連業務
●購買／支払い処理 ●受注／入金処理 ●財務レポート出力	●コールセンターでの一次対応 ●申込み受付 ●契約チェック
IT業務	マーケティング
●インストール、キッティング ●ログ収集管理 ●サーバ監視	●ネットニュース自動収集 ●競合商品調査 ●Webサイトのリンク切れチェック ●自社商品の口コミ情報を収集 ●自社サイトへのアクセスデータを収集

図1-7　RPAに適用する代表的業務

Chapter2
全体的な運用での課題ポイント

2-1 RPAはユーザー部門が主体で使え

　これまではRPAのメリットや適用範囲などポジティブな内容を記載してきたが、ここからはRPAの課題、特に運用における難しさについて解説していく。

　社内で運用される情報システム、具体的にはメインフレームやERPパッケージなど基幹系システム、グループウェアやCRMなどの情報系システムなど社内システム全般は主にIT部門が管理・運用するのが一般的である。

　ところがRPAはどうだろうか。

　各現場で運用している業務の自動化を行うRPAの特性から考えると、IT部門にてサーバや実行環境、ライセンス等のシステム管理・運用は行うにしても、対象業務の抽出やシナリオ開発を行うための業務フローの可視化は、現場主体で進めることになる。

　IT部門にて全社の業務を把握してシナリオ開発まで行うとなると、現状のIT部門のリソースでは対応することは不可能であろうし、人員を増員し対応するのもRPAの導入目的がコスト削減であることを考えると本末転倒といえる。

　そもそも現場にあるすべての業務（業務フロー）をIT部門が把握することは物理的にも不可能である。

　つまりRPAの積極的な活用や効率的な運用には現場、要するにユーザー部門主体で運用することになる。

　それは、かつてオフィスにNotes（IBM Lotus Notes/Domino）が導入されたころ、「エンドユーザコンピューティング」としてノンプログラミングで業務DB（Database）を現場で開発できたことはメリットであったが、企業によっては数百〜数万のDBが開発され属人化したDBのメンテナンスは業務プロセスの変更に対応できず、バージョンアッ

プも行えないまま使い続ける状況によく似ている。

　ユーザー部門主体で運用することは、企業としてかじ取りが難しいシステムであるといえる。

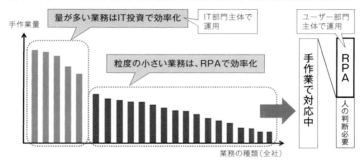

図2-1　RPAはユーザー部門主体で運用

2-2 プロセス別での導入・運用の難しさ

　RPAはユーザー部門主体の運用となることから導入の難易度も必然的に高くなる。

　しかし、特定の業務や部門にて運用する限り難易度は決して高くない、難易度が高くなるのは全社にて利用する段階だ。

　一般的な導入プロセスは、製品を導入する前にPoCにて製品の選定を行い、製品導入後は特定の業務にて社内利用を開始する。その後は特定の部門にてスモールスタートし、最終的には全社展開となる。

29

あらためて導入プロセス別に難易度を見てみよう。

まず「PoC」についてであるが、RPAの導入検討には検討のためのプロジェクトやWG（Working Group）が発足することが多いといえる。そのため検討はプロジェクトやWGを中心に評価を進めるため、関係者はプロジェクト／WGメンバーに限定される。自動化対象とする業務もPoCを行うために選定した業務であり、業務数としてもせいぜい3つか4つであろう。難易度に関しては選定した業務フローの規模や動作するシステム環境にもよるが関係者間の調整ごとも少ないことから難易度は低いといえる。

次に「特定業務利用」のプロセスでは、PoCを経て選定したRPA製品を導入しているため、取りまとめ組織はIT部門となるが、対象となる業務が限定されており関係者も対象業務の担当者との調整になる。また自動化についてもすでにPoCにて評価を行いシナリオ開発やテストが完了している業務が対象になることが多いため、自動化についても大きな問題は無く、難易度もさほど高くない。

「部門導入」のプロセスでは、関係者は対象部門ユーザーに限定されるとはいえ、ユーザーを対象に業務の抽出や業務フローの見直し、自動化の優先順位づけなど現場との調整作業が多くなる。また対象となる業務や動作するシステムについても多岐にわたっており、シナリオ開発やテスト作業も増加し、難易度は「特定業務利用」に比べると圧倒的に高くなる。なによりもユーザーが自由にシナリオ開発を行うことが可能な時点でエンドユーザコンピューティングであり、コントロールが難しいということは容易に想像できる。

そして、いよいよ最終目的である「全社導入」のプロセスでは、さらに導入の難易度が上がりMAX値となる。

取りまとめ組織は全社を統制する権限の必要性や運用・管理に膨大な労力が必要なことから従来のIT部門単体では難しく、全社横断的に導入・運用を行う専任組織、つまりCoE（Center of Excellence）が必

要になってくる。組織を構成する人材のシフトや管理システムへの投資など企業全体としての活動になるため管掌役員のコミットが必要になる。なによりも全社に存在する千差万別の業務が自動化の対象であることは、当然動作するシステム環境も多岐にわたる。

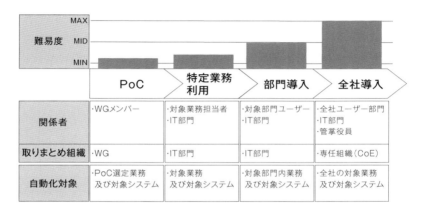

図2-2 導入プロセス別RPA導入・運用の難易度

2-3 導入時の8つの課題とは

　RPAはPoCの実施や特定の業務に限定して利用する場合には、決して難しい運用を強いられることはない。前述のように全社導入を進める段階に至ると、まったくの別システムのように変貌し運用の難しさを露呈する。
　RPAの全社導入にチャレンジした企業が直面する課題は以下の8項目にまとめることができる。

2．全体的な運用での課題ポイント

 1．「野良ロボット／闇ロボットが発生する」
 2．「ロボットの開発は難しい」
 3．「期待したほど活性化しない」
 4．「自動化できない業務が多い」
 5．「ROIを算出できない」
 6．「全社で管理・運用するには？」
 7．「IT部門のロボット開発の負荷が大きい」
 8．「セキュリティは大丈夫？」

ここから8つの課題について、具体的に見ていこう。

（1）「野良ロボット／闇ロボットが発生する」

 RPAはユーザー部門がロボットを開発・運用することが可能なため、「野良ロボット」と呼ばれる管理者不在のロボットが放置されたり、またコンプライアンスに違反している「闇ロボット」が発生したり、社内システムに悪影響を与える問題に対して、防止することが難しい。ちなみに野良ロボット／闇ロボット発生のメカニズムについては以下の通りだ。

・ユーザー部門が自由にロボットを開発し、各ユーザーの都合で稼働させる。

↓

・開発スキルに長けたユーザーが高度なロボットを開発し、それが不穏な動きをするロボットとなる可能性がある。

↓

・開発者が他部署へ異動となる。／多様なロボットが日々増殖していく。

↓

・管理者がロボット管理不能に陥る。

↓

野良ロボット／闇ロボットが発生する。

　このようにして野良ロボット／闇ロボットが発生するわけであるが、それが発生することに対してポジティブに捉える意見もある。「野良ロボット／闇ロボットが発生するくらいRPAが現場で活用されているということはよいことではないか、むしろユーザーの開発を制限してしまうと誰も使わなくなる懸念がある」、つまり「野良ロボット／闇ロボットの何がいけないの？」という疑問を持たれる方もいる。

　それに関しては、何がいけないのかも解説しておこう。

　まず起こりうることは、"社内のシステム／ネットワークへの負荷"だ。

　社内システム、特に基幹システムへのアクセスに関して、各ユーザーが自由にロボットを起動させた結果、同じ時間帯、たとえば朝9時の始業開始時間や月末／月初めなど特定の日など、一斉にアクセスされ基幹システムへの負荷が増大し、一時的に一般の社内ユーザーがアクセスできない状態になりかねない。シナリオ開発のミスにより無限ループ（繰り返し）となりウィルスのようにアクセスし続けるロボットを起動させたことにユーザーが気付かないこともあり得る。

　またインターネット経由で社外のWebサイトにアクセスする際も社内ネットワーク経由でアクセスするため、基幹システムの例と同様に社外サイトへのアクセスが集中するとネットワークが使えなくなる。特に複数サイトのクローリングや大量データのダウンロードはネットワークへの負荷は大きく、これが朝一番の社員が仕事を開始する時間帯であれば迷惑きわまりない。

　他にも起こりうる問題は"不正に情報を登録／更新／削除"である。

　社内なので故意に行うというよりもシナリオ開発ミスによるところが原因であると思われるが、ロボット専用のアカウントにはアドミニ

2. 全体的な運用での課題ポイント

ストレーターと同等の権限を持つことがあるため、社内システムにアクセスした際に上書き更新やデータを削除したり、既存の設定を変更したりすることも可能だ。

　さらには"情報の漏えい"につながることもある。
　顧客や会員にメールを自動送信するようなロボットの場合、送信先リストの元になるデータのメンテナンスにミスがあれば、送信先が間違っていたとしてもロボットはそのままメールを送信することになる。
　たとえば、すでに退会している会員であっても、リストに基づきロボットはそのまま退会した会員にメールを送信し続ける。メールを送信する際に宛先確認画面を表示するメールシステムもあるが、ポップアップ画面の警告メッセージをすべて許可するシナリオになっていれば送信時に防止することもできない。

図2-3　野良ロボット／闇ロボットの何がいけない？

（2）「ロボットの開発は難しい」

　RPAのメリットとしてロボット開発はプログラミングスキルが不要なため誰でもロボットを開発できるといわれるが本当にそうだろうか。

　確かにほとんどのRPA製品は、あらかじめ用意されたコマンドをマウス操作で選択し、表示されるダイアログボックスに必要な情報を入力していくだけであり、ノンプログラミングで開発が可能だ。
　ただし、ロボット開発は単純ではなく、RPA製品独自の言語を理解し複雑な業務になると「Microsoft Visual Basic」や「Microsoft .NET Framework」、「C++」など、プログラミングの知識を必要とする製品が多く、それなりのスキルが必要である。

　また、自動化対象業務が現状の業務フローの自動化に適さず、業務フローを変更する必要がある場合は、開発スキル以前の問題である。

そもそも誰がロボットを開発するかにより、難易度が異なる。

業務担当者が開発する場合は、開発スキルが伴わず高度な業務フローの自動化は難しい。

一方、システム管理者が開発する場合は、開発スキルは高いが業務フローを理解する必要があり、理解が不十分であれば開発したロボットが業務で適用できるレベルに至らない。

最も困難な点は標準的な開発ではロボットが正常に動作しないことが多いことだ。その場合、動作しない原因を調査し適切な改善やチューニングを行う必要がある。

不具合が発生した際は原因がRPA製品の仕様なのか、動作する環境に起因するものなのか、時にはそれぞれが相互に関係している場合もあり、"RPAは誰でも開発できる"というイメージは妄想でありロボットの開発は単純ではないのだ。

誰でも簡単にロボットを開発できるのでは？
 ・ロボット開発にはある程度（Excelマクロ開発相当）の知識が必要
 ・自動化に適するように業務フローを変更する必要がある
 ・ロボット開発には業務知識と開発スキルが必要
 ・対象システムによっては標準開発では正常に動作せず、自動化に
  工夫が必要

（3）「期待したほど活性化しない」

特によく聞く話としては、会社としてRPAを導入したものの結局一部の部署・業務での利用にとどまり、全社に浸透しないままRPAへの投資に対する効果を創出できないケースだ。

原因はユーザー部門がRPAに興味を示さない、または否定的ということであるが、そもそもRPAはユーザーが手作業で行っていた膨大

な入力処理などの業務を自動化し負荷を軽減することが目的であり、ユーザーにメリットがあるものなのに、なぜ利用しようとしないのだろうか。

　それは、ユーザー部門がRPAを利用することの本質を正しく理解していないことが大きい。

　自動化することで自分たちの仕事が奪われ、自分の存在意義がなくなると誤解している。また、工数の少ない業務が多いから現在の人手で十分事足りている。イレギュラー処理が発生するかもしれないから人でないと対応できない。むしろ人の方が正確で早いという間違った認識。

　さらには、職場に保守的な風土があり、これまでやってきた業務手順を変更できないしがらみが弊害となりRPAの適用が困難ということもある。

　中にはRPAはITであるがゆえ使い方が分からない。ロボットの開発は"システム開発"なのだからIT部門の仕事という意見もあり、はなからRPAを使うことをボイコットしている。

　このようにユーザー部門が抵抗勢力となっているのだ。

ユーザーにメリットがあるのに使わない理由は？
　ユーザー部門がRPAを正しく理解していない
　・ロボットに自分たちの仕事が奪われるという不安
　・工数の少ない業務が多いからRPAは不要と認識
　・これまでやってきた業務手順を変更できないしがらみ
　・RPAの使い方(ロボットの作り方)が分からない

（4）「自動化できない業務が多い」

　そもそも論であるが、定型業務であっても業務フローにルールと手順が決められていない業務は当然のことながら自動化できない。

　そのために、自動化に向けて「BPR」（Business Process Re-engineering）を行い業務フローの見直しに取り組む企業も多い。

　システム的な面では、RPAの本質とは異なる使い方をしている場合も問題だ。

　たとえば、「RDB」（Relational Data Base）との直接連携や、各システムが用意している「API」（Application Programming Interface）を活用した連携などは、いずれもシステム的な開発を伴うため、本来RPAが得意としている使い方ではない。それはExcelマクロをRPAで代用するということも同様である。Excelのみの操作であればExcelマクロの方が自動化には適しており、RPAはあくまでも複数のExcelマクロをタイムスケジュールに基づき自動実行させるというような使い方になる。

　RPAを活用したシステム連携は先述の通り、ユーザー・インタフェース層の連携であるため、PC操作が可能なものは基本的に自動化できるといえる。

　ところが、自動化しようにもRPA製品が対象システムにアクセスできず、シナリオを開発できないことや、RPAの強みといえる最新の自動化技術であるWebシステムに対する「HTML構文解析方式」、Windowsアプリケーションやレガシーシステムに対する「オブジェクトID方式」が対象システムを認識できず、「画像比較方式」や「座標方式」という変更に弱い旧式技術でしか自動化できない業務が多かったという結果である。これはRPA製品の仕様によるところが大きく影響しており、製品選定の段階で失敗しているといえる。

もう一点、製品によっては利用したい環境、たとえば「リモートデスクトップ」や「VDI」(Virtual Desktop Infrastructure) などにRPA製品が対応していない場合があるので動作環境からも製品選定には注意が必要だ。

RPAで自動化できない業務って何?
・定型業務であっても業務フローにルールと手順が決められていない
・RPAの本質とは異なる使い方(RDB直接連携／API連携／Excelマクロ代用など)
・対象システムに、導入したRPA製品が対応していない
・利用環境に、導入したRPA製品が対応していない(リモートデスクトップ／VDIなど)

(5)「ROIを算出できない」

RPAはコスト削減を目的に導入されるため、当然のことながらROI (Return On Invested Capital) を期待される。

しかしながらユーザー部門主体で導入・運用が行われる場合、コスト削減や業務品質の改善など企業全体としてのKPIが曖昧になるため、ROIの算出は難しい。

また、部門により異なるRPA製品が導入された場合、全社のロボット稼働状況を一元的に管理することは難しく、ROIの算出は容易ではない。

なお、導入したRPA製品がクライアント型や、サーバ型であってもロボットの稼働状況や稼働実績などロボットを一元的管理する機能が無い場合も同様にROIの算出は難しい。

ROIを算出できない理由は？
- ユーザー部門主体で導入・運用が行われる場合、コスト削減や業務品質の改善など、企業全体としてのKPIが曖昧になる
- 部門により異なるRPA製品が導入された場合、全社のロボット稼働状況が管理でき、ROIの算出は困難
- RPA製品にロボットの稼働状況や稼働実績などロボットを一元的管理する機能が無い場合も同様

（6）「全社で管理・運用するには？」

　これまで述べてきたように、野良ロボット発生などの管理・運用面の課題や業務フローが自動化に適さないケース、製品の管理機能不足など、全社運用に弊害となるさまざまな課題があるが、そもそも全社運用を行うには何をすればよいのかが分からないといった声も聞こえる。

　具体的な内容は当社の事例にて解説するが、全社運用に必要なポイントを記載すると以下の通りである。

- RPAの管理・運用を行う専任組織（CoE）の設置
- 人材の育成や運用ノウハウの蓄積、管理システムの構築
- 全社を対象に自動化対象業務の抽出と自動化優先順位の決定
- 運用ルールの制定やロボット開発ガイドライン、標準テンプレート等の作成

　なお、専任組織の設置に関しては、社内組織の新設や職制異動等を伴うため経営幹部のコミットが必要になる。さらに全社横断的に管理・運用するための権限委譲や人材リソースと予算の確保が必要なことから、経営戦略としての判断も必要になる。

　このような高いハードルをクリアするために推進メンバーは慣れな

い社内調整に多くの苦労を経験することだろう。

（7）「IT部門のロボット開発の負荷が大きい」

　全社展開において準備作業や管理・運用にてIT部門は多くの苦労を経験することになるが、本当の厳しさはユーザー部門に代わって現場の業務の自動化を行うロボット開発に関するところである。

　業務の自動化には当然のことながら業務フローに基づいてシナリオ開発を行わない限り自動化は実現しない。ならば、その重要なシナリオ開発は誰が行うのだろう。

　RPAの本質から考えれば、自動化の対象となる業務担当者が自ら開発を行うことが妥当であるが、現実はそう簡単にはいかない。

　業務担当者がプログラム開発経験者であればシナリオ開発など容易に行えるであろう。しかし、Excelの行・列を指定して特定の業務システムへデータを転記するといった簡単な業務を除いて、複数のExcelシートや複数のシステムを連続的に操作するといった業務になると、シナリオ開発にはそれなりのプログラミング知識が必要になる。これはRPA製品すべてに共通するところである。

　現場から複雑な業務フローを提示された時点で、シナリオ開発はIT部門が受託開発することになる。

　その場合、IT部門はユーザー部門の業務担当者に業務のヒアリングが必要であり、しかもIT部門の開発者は業務内容を正確に理解する必要がある。

　これは難易度が高く手間のかかる作業だ。

　当然のことながらIT部門のリソースは潤沢なわけではなく、シナリオ開発にかかる時間も、現場への仕様確認からテストを含めると膨大な時間を要する。

　ユーザー部門が新たに業務の自動化を行う際にIT部門へロボット開発を委託する場合は、IT部門のリソース不足により直ぐに対応できず

長い順番待ちにより数ヶ月後の対応となれば、社内のRPAへの普及の足かせになることになりかねない。

IT部門にしわ寄せが……
・IT部門がユーザーからロボット開発を受託する場合は、ユーザー部門の業務担当者に業務のヒアリングが必要
・IT部門の開発者が、業務内容を正確に理解する必要があり、難易度が高く手間のかかる作業
・ユーザー部門が新たに業務の自動化を行う際にIT部門へロボット開発を委託する場合は、IT部門のリソース不足により直ぐに対応できない可能性

（8）「セキュリティは大丈夫？」
　課題の最後は「セキュリティ」の問題だ。
　通常、社内の業務アプリケーションに関しては、セキュリティ対策を施すのが一般的だ。
　RPAに関してもシナリオ開発により複数の業務が自動化され日々新たなロボットが登録され稼働する。各シナリオは業務アプリケーションと同様に、社内のさまざまなシステムへアクセスし、さまざまな業務データを扱いながら業務を自動実行していく。
　ところが、セキュリティ面ではどこまで担保されているのだろうか。
　機密情報や個人情報を扱う業務に利用した場合、外部から不正アクセスによる情報漏えいや意図的な誤処理を行う可能性があり、通常のシステム同様のセキュリティ対策が必要である。
　また各ロボットへのアクセス制限・操作権限の設定ミスにより部内の秘匿性の高い情報が他部署に漏えいすることは社内であってもセキュリティ事故といえる。
　そのため通常の社内システムと同様に定期的な内部監査やセキュリ

ティ対策が必要である。

社内システムはセキュリティ対策しているのにRPAは？
・機密情報や個人情報を扱う業務に利用した場合、外部から不正ア
　クセスによる情報漏えいや意図的な誤処理を行う可能性あり
・各ロボットへのアクセス制限・操作権限の設定ミスにより部内の
　秘匿性の高い情報が他部署に漏えいする可能性あり
・通常の社内システムと同様に定期的な内部監査やセキュリティ対
　策が必要

　これらの8つの課題をクリアしてこそ全社導入を成功させ、RPAに
よる最大限の効果を享受することができる。
　次章からは当社の導入事例として、製品選定から管理・運用体制構
築や運用ルールの整備、ユーザー部門への展開、現場へのロボット開
発支援など、全社導入への取り組み事例を紹介する。事例を通じてこ
の8つの課題への解決策についても参考にしていただきたい。

Chapter3
日立ソリューションズの RPA導入の背景

当社事例の話に入る前にRPA導入のきっかけとなった当社の働き方改革について紹介する。

当社は以前から「働き方改革」への取り組みを行っていたが、関連施策の利用率も決して高くなく、社員の意識改革が必要であった。

そこで2016年9月から働き方改革をより強化し、全社運動として取り組みを開始した。

取り組みを社員へ浸透させるための社内広報活動として、親しみやすいキャラクターでカエルをイメージデザインとして統一し、A0サイズのポスターを各職場の壁に貼り、社員のデスクには取り組みを記載したチラシを配布。食堂や会議室フロアー、受付の前など社員が集まるところにデジタルサイネージを設置し、取り組みに関する内容をクイズ形式で記載し、経営幹部のインタビュー動画などを常時放映している。

ちなみにカエルのデザインは絵心のある社員が日々の忙しい業務の合間に書いてくれたものだ。時には残業して……。

2016年9月、取り組みの拡充&スピードアップ!!

図3-1　当社「働き方改革」全社運動として取り組む

3-1　全社で取り組む働き方改革

　働き方改革の目標として、「カエル」のデザインとリンクして3つのテーマを設定している。

"柔軟な働き方"（働き方をカエル）：柔軟な働き方で育児・介護退職者ゼロ！
　　当社では、毎年数名の社員が育児・介護への負担により仕事との両立ができないことを理由に退職という苦渋の選択をされている。この様な個人の事情による退職者をゼロにするため、柔軟な働き方

ができるような制度改定やICT環境の整備等を急ぐ必要があった。

"早くカエル"：総実労働時間を100時間削減！

　この数値は1人あたりの年間の労働時間を100時間削減しようという目標である。

　2016年度の実績で、1人あたりの平均年間労働時間が約2,000時間であったことを考えると、約5%に相当する労働時間の削減だ。

"コミュニケーション"（コミュニケーションをカエル）：
メンタル疾患罹病率をIT業界最低水準に！

　厚生労働省の調査によるとIT業界（情報通信業）のメンタル疾患罹病率は2.0%である。これは日本の全業種平均が0.4%であることと比較すると、なんと5倍の高さである。2番目に高い電気・ガス・熱供給・水道業が0.7%、3番目に高い金融・保険業が0.6%であることを考えるとIT業界がいかにストレスを抱えている社員が多いかが分かる。当社はこのIT業界平均値2.0%の高い罹病率の約4分の1となる0.6%に目標を設定している。

図3-2　働き方改革の3つのテーマ

3-2 改革に向けた具体的施策

これらの目標に対して、具体的な施策は以下の通りだ。

(1) 柔軟な働き方で育児・介護退職者ゼロ！
（施策）
タイム＆ロケーションフリーワーク制度導入

　当社のテレワークの制度の名称であり、時間と場所にとらわれない働き方をイメージできるような名称とし、以前からあった在宅勤務制度とは一線を隔すようにしている。そのため従来の制度が「勤務場所は自宅のみ」という規約を、どこでも仕事ができるよう「在宅・サテライトオフィス、カフェでの勤務可」に変更している。

サテライトオフィスの設置

　規約の変更に合わせてサテライトオフィス提供会社と提携し、山

手線内約40カ所にサテライトオフィスを設置し、次の予定までの空いた時間や自宅では仕事ができない環境である場合など、社員が使いたい時にいつでも利用できる。もちろん費用は会社（総務）の負担となっている。

ICT環境の整備（リモートデスクトップ／仮想デスクトップ、ビデオ会議　など）

　日立グループでは社員の業務端末はシンクライアントを利用しリモートデスクトップ／仮想デスクトップ環境にて外出先からも安全に社内システムにアクセスが可能であり、オフィスに出社しなくとも社内システムにアクセスし、ほとんどの業務が社外から利用可能である。

　また、ヘッドセットとマイクを配布し、Microsoft社のSkype for Businessを利用したリモート会議が可能になっている。

テレワーク推奨月間の実施

　テレワークの利用を促進するため、管理職以上は最低でも月に1度はテレワークを行うように推奨しており、特に事業部長以上の幹部については年休取得と合わせてテレワークを義務付けている。

　政府が推進した「テレワーク・デイズ」の期間中（2018年7月23日〜27日）は協力団体として積極的に社員のテレワークを推奨した。

（2）総実労働時間を100時間削減

（施策）

一斉定時退勤日、朝型勤務の推奨（朝食無料または補助）、プレミアムフライデー（月2回）の実施

当社は毎週水曜日を定時退勤日として特別な事情が無い限り残業を認めない。また水曜日は朝型勤務として定時の1時間前に出社し帰宅時間も1時間早める朝型勤務を推奨している。それを促進する施策として8時前に出社すると社内食堂で朝食が無料で提供され、社外の飲食施設を利用する場合は飲食費用の会社補助を行っている。

　また、世間では耳にしなくなった「プレミアムフライデー」も当社では実施しており、しかも月の最終金曜日だけでなく、月末が多忙な部署にも考慮し第二金曜日も対象にしている。さらに15時の帰宅ではなく年次有給休暇（以降年休と表記）推奨日としている。

休日のメール禁止、会議室の有償化／利用時間を制限

　働き方改革の成果により休日出勤は大幅に削減されているが、休日に自宅メール処理を行う従業員が多かった。特に上司からのメールには休日であっても担当者は対応せざるを得ないといった風習が存在していた。そこで新たなルールとして「休日および平日22時以降のメール送信・閲覧を原則禁止とする」というルールを制定した。

　その結果、担当者よりも上司が休日にメールを利用することが激減したという成果があった。おそらく管理職が率先してルールに従ったということなのか、またはメールを送っても部下に読まれないことに心が折れることを憂慮したのかもしれない。

　会議時間の短縮や無駄な会議の削減を目的に、社内会議室の利用を無償から有償へ切り替え、長時間の会議室予約ができないよう予約システムにも制限を設けている。

　なお、会議室の有償化を行うと総務部門が費用を利用部門に振り替える必要があり、新たな業務が発生することになるが、この点は後の事例にも記載されているがRPAを使って費用振替処理を自動化している。

インセンティブ制度の導入

　働き方改革の取り組み状況を数値化し、取り組み度の高い部門に本部単位でインセンティブを支給し、働き方改革へのモチベーションアップを図っている。

　指標は平均残業時間削減率／月イチ年休取得者率（月に１度の年休取得率）／長時間残業削減率（月に45hr超の残業者削減率）、の３指標をポイント化しランク付けを行う。インセンティブの内訳は、総合評価をゴールド、シルバー、ブロンズの３種類に設定し、対象となった本部の社員にカフェテリアポイントにて支給する。

「ムダ取りワーキング」により、各現場の課題を見える化

　働き方改革を推進するにあたり、ムダな仕事や風習をやめようとの目的で始まった取り組みが「仕事のムダ取りワーキング」（以降「ムダ取りWG」と表記）である。

　ムダなことをやめることは残業削減には有効な手段であることは間違いないが、何がムダで何が必要なのかを会社として把握できていない。また「ムダ」と判断する統一的な基準がなく、ムダを削減することは極めて難しい作業であった。

　そこで現場の実態を把握し、さらには現場の意見や要望、悩み、特に若手・中堅社員の想いに会社が耳を傾けることを目的にムダ取りWGが発足した。

　このムダ取りWGは、RPAの活用に不可欠となる業務プロセスの見直しや、自動化対象業務の抽出に大きく貢献している。

(3)メンタル疾患罹病率をIT業界最低水準に！

（施策）

社員間で褒め合える仕組み「社内ポイント制度」の実施

　当社のイントラには社員間でポイントを送り合うことができる

仕組みがある。社内電話帳の氏名の横に「ポイントを送る」という
ボタンがあり、仕事を通じてまたは社内イベント、さらにはプライ
ベートにおいても、相手に対して感謝の気持ちが沸き起こった時に
ポイントボタンを押すだけで相手にポイントが送られる。

　これは社員がお互いに「よいところを褒める・認め合う」文化・
雰囲気の醸成や、個人のモチベーション向上・会社組織の風通し
の良さや活性化に繋げることを目的に導入したものであり、今では
社員5,000名のうち約3,000名の社員が利用し、社内コミュニケー
ションの活性化に役立っている。

交流会／懇親会の実施と実施費用の予算化
　当社では「段飛び懇談会」や「段々飛び懇談会」と呼ばれる直属の
上司のさらに上の上司と懇談会を行うと、費用を会社が負担する。
また他部門のメンバー同士の懇談会についても費用負担を申請する
ことができる。

　狙いとしては社員間の"タテ"、"ヨコ"の交流を促進することで
あり、通常では接点の少ない社員間の交流により、メンタルヘルス
対策だけではなくイノベーション創造を狙ったものでもある。

　ちなみに、この施策に会社が負担している金額は1年間でなんと
3,000万円にも及ぶ。

メンタルヘルス対策（健康診断結果で就業を制限、AIによるメンタル
疾患予測）
　社員が年に1度受診する健康診断の結果において、検診の数値が
基準値を超える場合は数値レベルにあわせて段階的に就業制限や残
業禁止の措置を行う。

　また、当社では社員の勤怠データを活用してAIによるメンタル疾

3. 日立ソリューションズのRPA導入の背景

　患予測を行っており、対象者には産業医による面談を義務付けメンタル疾患を未然に防ぐ対策を行っている。

　なお、これらの当社が取組む働き方改革については、『WORK STYLE INNOVATION 日立ソリューションズの働き方改革はなぜ成功したか』（翔泳社）に詳細が記載されているので、ご興味のある方はご購読願いたい。

柔軟な働き方で 育児・介護退職者ゼロ!	・タイム＆ロケーションフリーワーク制度導入 　（在宅・サテライトオフィス等でのテレワーク） ・サテライトオフィスの設置 ・ICT環境の整備（リモート/仮想デスクトップ、ビデオ会議など） ・テレワーク推奨月間の実施
総実労働時間を 100時間削減!	・一斉定時退勤日、プレミアムフライデー月2回の実施、 　朝型勤務の推奨（朝食無料または補助） ・休日のメール禁止、会議室の有償化/利用時間を制限 ・インセンティブ制度の導入 ・「ムダ取りワーキング」により、各現場の課題を見える化 　→RPAによる業務効率化と業務品質向上
メンタル疾患罹病率を IT業界最低水準に!	・社員間で褒め合える仕組み「社内ポイント制度」の実施 ・交流会/懇親会の実施と実施費用の予算化 ・メンタルヘルス対策 　（健康診断結果で就業を制限、AIによるメンタル疾患予測）

図3-3　改革への具体的取り組み

3-3　RPAを必要とする複合的な理由

　あらためて、当社のRPA導入の背景であるが、これは当社の沿革にも起因している。

　2010年に日立ソフトウェアエンジニアリング株式会社と株式会社日立システムアンドサービスの2社が合併して株式会社日立ソリューションズが発足した。

　合併後のシステム統合に関しては、双方の既存システムから優れた方に統合する各社のよいとこどりの社内システムとしたため、各社システムが混在しつつも社内業務を考慮した使いやすいシステムであった。

　ところが2015年に日立製作所によるグループ会社の再編が行われ、当社が金融部門と公共部門を日立製作所に移管する会社分割を行い、また、この時期に社内システムがITガバナンスの観点から日立標準システムに移行することになった。

　日立製作所は親会社といえども当社とは事業内容も異なり、またグループ標準システムである以上、当社の業務要件一つひとつに合わせて機能を実装することは難しく、その結果手作業による計算処理やシステム間の連携も手動により行うこととなり、人手による作業量が増加することになった。

　当社の情報システム部門にとって、自社に合ったシステムエンハンスを行おうにも日立標準システムであるためシステムを直接改修することはできない。また、新たに発生した事務処理をシステム化しようにも担当者ごとにさまざまな作業を抱えるものの一つひとつのボリュームは小さく、投資効果を得ることが難しい。

　ユーザー部門にとっても手作業の負担を減らして本来の業務に専念したいという要望がある。

　業務量が増える中、総労働時間の削減をターゲットに検討したのが

RPAであった。

　特に人事部門は働き方改革の取りまとめ部署であったこともあり、当社がお客様に販売している「ワークスタイル変革ソリューション」の社内検証と社内導入を兼ねて積極的に関与することになる。

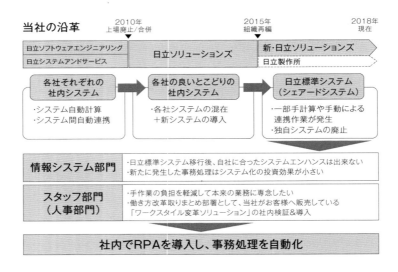

図3-4　RPA導入の背景

　当社が経験を通じて気付いたことであるがRPAの導入は働き方改革を推進するプロセスを主体とし、その中でRPAの導入を進めるという主従関係が相乗効果を発揮する。

　具体的には、RPAを活用・運用する際、各現場の社員が自動化の対象とする業務を明確化し、RPAツールを活用してロボット開発を行う必要があるが、ロボット開発をIT部門が受託するにしても対象業務を明確化するには各現場の積極的な関与が必要であり「単なるRPAツー

ルの導入」という進め方では現場の協力は得られない。

　一方働き方改革への意識が全社員に浸透している企業がRPAを導入したらどうだろう。

　RPAを導入する際に進める分科会やWG等は、すでに働き方改革として組織化されている「業務見直しWG」といった活動の中に組み込まれ、自動化対象業務の選定や自動化に適した業務フローの見直しなど、RPA推進に必要な作業が公式な業務タスクとして各現場で実行されることになる。

　多くの日本企業は、米国企業のようにCEO（Chief Executive Officer）やCIO（Chief Information Officer）の権限によりトップダウンでITツールの導入が進むというわけではなく、現場が納得したうえで定着していくパターンが一般的である。要するに新たなツールや仕組みを進めるためには現場の意識改革が重要であり、このような理由からも働き方改革を社員に浸透させることが、RPAの活用・定着という好循環につながるのである。

Chapter4
日立ソリューションズの RPAのケーススタディ

4-1 最適な製品を選ぶ

（1）RPA導入に向けて

　ここからは当社のRPA全社導入における活用・運用への取り組みを紹介する。

　まずは「製品の選定」である。

　当社がRPAの導入に向けて検討を開始したのは2016年7月であった。

　当時、国内では「RPA」という言葉自体が一般的には知られておらず、選択できる製品としても決して多くなく、かつエンタープライズ向けとなるとさらに選択肢は限られていた。

　候補として、国内販売で先行していたRPAテクノロジーズ社の「BizRobo!」、または純国産RPA製品としてNTTアドバンステクノロジ社の「WinActor」が著名な製品であった。また、国内に展開していた海外製品ではペガシステムズ社の「Pega Robotic Automation」、NICE社の「NICE Robotic Automation」が知られていた。

　将来的には自社で採用したRPA製品を働き方改革関連のソリューション（当社ソリューション名は「ワークスタイル変革ソリューション」）の一つとして再販を計画しており、さらには日立グループ全社への展開も視野においていたことから"グローバルトップ製品"という観点からの検討も必要であった。

　そこで当社の米国と欧州のグループ会社にてリサーチを行った結果、"グローバルトップ3"と呼ばれていた米国Automation Anywhere社の「Automation Anywhere Enterprise」、Blue Prism社の「Blue Prism」、UiPath社の「UiPath」の3製品が最有力候補に浮上した。

　これらの製品については当時日本法人が設立されていなかったもの

の、国内の販売実績もあり PoC を行う場合も製品の供給を受けること
に問題はなかった。

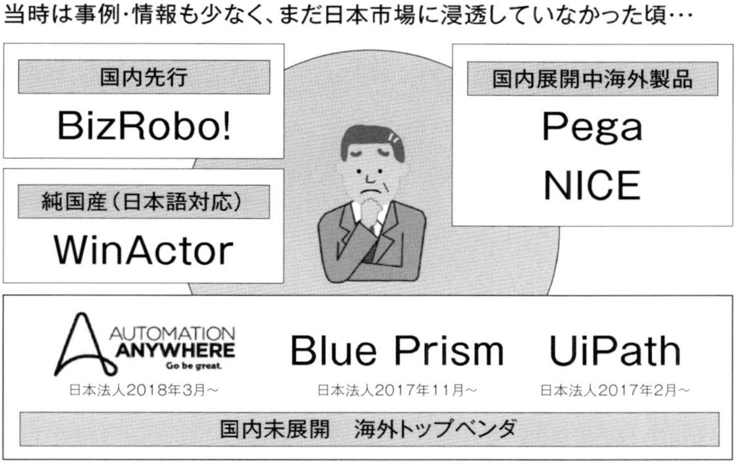

当時は事例・情報も少なく、まだ日本市場に浸透していなかった頃…

国内先行
BizRobo!

国内展開中海外製品
Pega
NICE

純国産（日本語対応）
WinActor

AUTOMATION
ANYWHERE
Go be great.
日本法人2018年3月〜

Blue Prism
日本法人2017年11月〜

UiPath
日本法人2017年2月〜

国内未展開　海外トップベンダ

図4-1　2016年7月〜 RPAの検討を開始

(2)製品を選ぶチェックポイントを設ける

　製品選定にあたり重要となるチェックポイントを設定した。
　チェックポイントは大きく4つあり、詳細は以下のとおりである。

① 開発しやすいか？
　RPAはこれまでのシステム開発と異なり、プログラミングスキル不
要でロボットを開発できることがメリットといえるが、企業内の業務
利用の場合は単にシナリオ開発するだけでなく、稼働前のテストやエ

ラー発生時の対策、業務フローの変更に伴うシナリオのメンテナンス性など、運用に関わる作業も発生する。全てのRPA製品がこれらの運用面にかかる負荷も考慮されているとは限らない。コスト削減の目的でRPAを導入するにも関わらず、開発・メンテナンスに膨大なコストを掛けてしまっては本末転倒である。

【チェックポイント】

☑ ロボット開発生産性

- ・レコーディング機能
- ・関数の充実
- ・テスト効率 (デバッグ機能)

☑ メンテナンス性

- ・バージョン管理、差分管理、新旧比較
- ・ロボットの部品化(変更の局所化)

② 対応システムの種類は豊富か？

当社には日立グループ共通基盤として利用しているシステムをメインシステムとしているが、サブシステムとしても業務に応じて当社独自に導入・運用しているさまざまなシステムが存在する。システムの種類としてはWebシステムやWindowsアプリケーションはもちろんであるが、UNIX、メインフレームも利用している。

業務の自動化においては、対象とするシステムをRPA製品がサポートしていることが重要である。また、ロボットを開発し自動化を行ったとしても利用者の画面解像度の違いやOSのバージョンアップ等により影響を受けるようなロボットでは正常に動作せず自動化できているとはいえない。

自動化対象システムの豊富さと、高度な自動化アーキテクチャが求められる。

【チェックポイント】

☑ 自動化対象システム
- ・Webシステム
- ・Officeアプリケーション
- ・Windowsアプリケーション
- ・UNIX
- ・メインフレーム 他

☑ 高度な自動化アーキテクチャ
- ・HTML構文解析　[Webシステム]
- ・オブジェクト認識　[Windowsアプリ 他]
- ・画像認識、座標認識　[その他]

③ 管理機能は充実しているか？

　社内にどのようなロボットが存在し、どのタイミングで稼働しているかなど、ロボットやそれを使う社員が増えても、しっかりと手間なく企業内のポリシーに基づいた管理ができる機能を実装している必要がある。特にトラブル発生時の対応や稼働状況の監視、稼働状況報告、監査時のログ取得などに手間をかけることは避けたい。

【チェックポイント】

☑ ロボット管理機能
- ・全社のロボットを全て把握できる
- ・稼働状況、エラーを集中管理
- ・ロボットへのアクセス管理
- ・ロボットの重複開発を避ける
- ・効率的なスケジュール実行
- ・各種レポート機能(費用対効果など)

4. 日立ソリューションズのRPAのケーススタディ

④ 製品の環境・状況などは？

　採用した製品メーカーの倒産や事業を撤退するようなことがあっては困る。またサポート力や製品の将来性、もちろん価格も重要なポイントとなることから、以下の項目もチェックしておく必要がある。

【チェックポイント】
☑その他のチェック項目
　　・導入実績
　　・購入後にも安心できるサポート体制
　　・製品の将来性、製品戦略
　　・ライセンス体系・価格面

1 開発しやすい?

数10～数100のロボットを作っても、開発に膨大なコストを掛けてしまったら意味がありませんよね?
☑ロボット開発生産性
　　レコーディング機能
　　関数の充実
　　テスト効率 (デバック機能)
☑メンテナンス性
　　バージョン管理、差分管理、新旧比較
　　ロボットの部品化 (変更の局所化)

2 対応システムの種類は豊富?

サポートされてないから自動化できないは困りますよね?自動化できるシステムの種類が豊富であるということが重要です。
☑自動化対象システム
　　Web、Office、Windowsアプリ、メインフレーム他
☑高度な自動化アーキテクチャ
　　HTML構文解析[Webシステム]
　　オブジェクト認識[Windowsアプリ他]
　　画像認識、座標認識[その他]

3 管理機能は充実してる?

ロボットやそれを使う社員が増えても、しっかりと手間なく管理できる管理機能がおススメです
☑ロボット管理機能
　　全社のロボットを全て把握できる
　　稼働状況、エラーを集中管理
　　ロボットへのアクセス管理
　　ロボットの重複開発を避ける
　　効率的なスケジュール実行
　　各種レポート機能 (費用対効果など)

4 その他

その他にも以下の項目はチェックしておくべきです

☑その他のチェック項目
　　導入実績
　　購入後にも安心できるサポート体制
　　製品の将来性、製品戦略
　　ライセンス体系・価格面

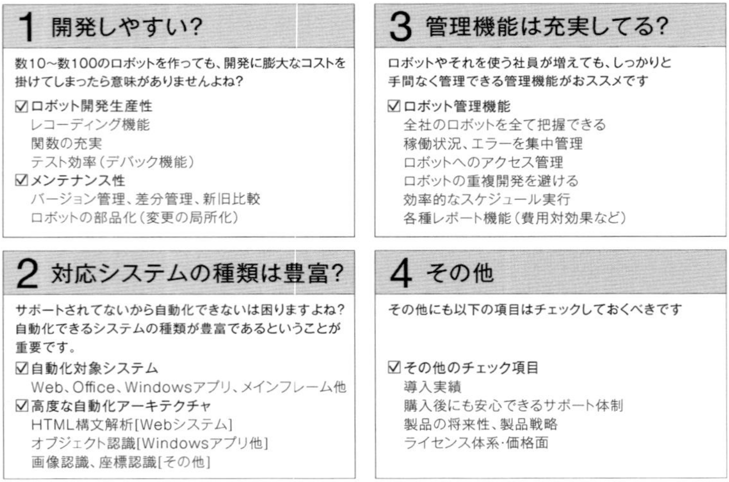

図4-2　製品選定におけるチェックポイント

64

(3) チェックポイントを確認する

ここからは4つのチェックポイントを一つずつ確認していこう。

① 開発しやすいか？

まずは、開発のしやすさについてである。

【チェックポイント】

☑ロボット開発生産性
- ・レコーディング機能
- ・関数の充実
- ・テスト効率 (デバッグ機能)

☑メンテナンス性
- ・バージョン管理、差分管理、新旧比較
- ・ロボットの部品化(変更の局所化)

一般的なRPA製品はフローチャート型のロボット開発

開発のしやすさについてであるが、ほとんどのRPA製品はシナリオ開発を行う際、あらかじめ用意された部品群から必要な部品を選択し、フローチャートを作るように部品を線でつなげていくことでロボットを開発できる。

この手法であればプログラミングの知識は必要なく、IT部門でなくてもユーザー部門でシナリオ開発が可能といえる。

なによりもフローチャートのGUIライクな見た目のわかりやすさは親しみを感じるものであり、RPAが普及する理由も納得できる。

4．日立ソリューションズのRPAのケーススタディ

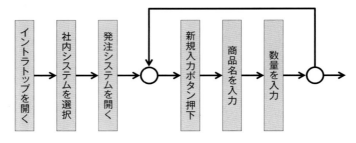

図4-3　フローチャート型のロボット開発

Automation Anywhereはスクリプト型の開発

　一方、Automation Anywhereを一般的なRPA製品と比べてみると、開発環境はソースコードの羅列でありプログラム開発そのものである。これではユーザー部門が開発できるレベルとはとても思えない。
　実はロボットを開発する際はあらかじめ用意された部品を選択し、ドラッグ＆ドロップでスクリプトを追加して開発する点は他のRPA製品と同様であり、プログラミングのスキルは不要なのだが、とにかくプログラムチックな見た目を拒絶するユーザーが多く、これが本当にグローバルで主流のRPA製品とは信じがたい印象であった。
　この時点ではAutomation Anywhere Enterpriseへの期待は決して高いものではなかった。

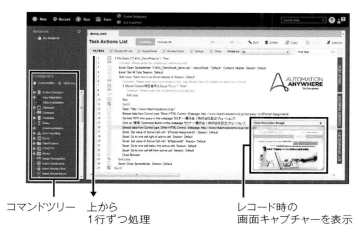

図4-4　Automation Anywhereの画面

スクリプト型とフローチャート型の特性

　製品については、スクリプト型とフローチャート型からそれぞれ代表的な製品を選択し、ロボット開発面と運用面から評価を行った。
　フローチャート型製品に関してはここではあえて製品名を非公開とするが、すでに当社グループ会社でも採用実績があり機能面でも評価の高かった製品を選択した。
　スクリプト型製品に関しては最終的に当社が採用することになったAutomation Anywhere Enterpriseを選択したが、検討当初はフローチャート型で選択した製品を採用する予定であったため、Automation Anywhere Enterpriseはスクリプト型のデメリットを引き合いにだすための比較製品という立ち位置であったことは皮肉なものである。
　評価を行うにあたり、対象とする業務は当社内の代表的なシステム

67

4. 日立ソリューションズのRPAのケーススタディ

をいくつか選択し、そこで実行している定型的な業務を選択した。なお、評価は実業務にて行うため業務の選定には、ユーザー部門の中から働き方改革の取りまとめ部署でもあった人事部門の協力を得て実施した。

そして選択した業務ごとに候補の2つのRPA製品にてロボットの開発を行い、以下の項目についてチェックを行った。

・ロボット開発の容易性
・テストの効率性
・正常な動作の確認
・ロボット起動に関する運用性
・ロボット修正時の運用性
・障害発生時の対応性
・ロボット管理の効率性
・セキュリティ面のチェック
・社内環境との親和性

これらの評価を行う中で計画時ではわからなかったことが明確になったが、それはRPAを運用するうえで非常に重要なポイントであった。

それは業務フローの変更に伴いシナリオの修正が発生した場合、フローチャート型の運用面に大きな課題があった。

開発したロボットのステップ数は平均で200〜500ステップの規模が多かったが、RPAでは単純な正常処理を作り込んで後からイレギュラーな処理を組み込んでいくというアジャイル開発を用いることが多いため、シナリオの変更が頻繁に行われるのだ。しかし、フローチャート型では、修正前と修正後でどこを付け加え編集したのかが分からないため、一つずつ箱を開いて中に記述されているソースコード

を確認する必要がある。ロボットを開発した本人であれば、影響箇所はある程度想定できるが、第三者が修正する場合は箱の確認作業が厳しく、ロボット開発・メンテナンスの属人化や野良ロボット発生の可能性を示唆するものであった。

図4-5　スクリプト型とフローチャート型の特性

　ちなみに実際のフローチャート型のシナリオイメージは、ステップの数だけ箱が縦または横に長々と記述され、修正作業を行う際は縦横に画面スクロールを繰り返しながら対象の箱を開いてソースコード確認し修正するという作業は、開発者にとって負荷の高いものである。

4．日立ソリューションズのRPAのケーススタディ

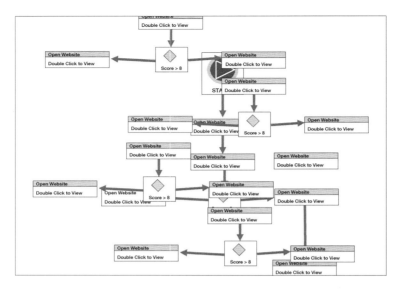

図4-6　フローチャート型のシナリオイメージ

　一方、スクリプト型のAutomation Anywhere Enterpriseではこの点はどうだろうか。

　検討当初は拒絶していたソースコードの羅列は、処理内容をそのまま記述したものであり読めば処理の流れを理解できる。フローチャート型でいえば箱を最初から開いた状態そのものなので、箱の中の詳細全体を俯瞰できるイメージである。

　さらに新旧の差分比較を表示する「コンペアー機能」を使えば変更箇所が色分けされて表示される。たとえば"変更した箇所"は青、"削除した箇所"は赤、"挿入した箇所"は緑というように色分けされ、前回修正を行った個所も一目瞭然だ。

　これはプログラムの世界では当たり前のように実装されている機能であるが、比較していたフローチャート型製品には実装されておらず、変更前と変更後の修正個所が判断できないことはメンテナンスに

70

は致命的であった。

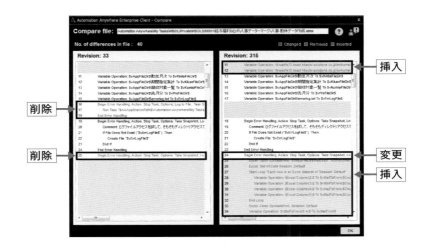

図4-7　スクリプト型の新旧差分比較の表示

部品化によるメンテナンス性の維持

　業務フローの変更に伴うシナリオ修正においてはAutomation Anywhere Enterpriseのスクリプト型が優れていることが分かったが、それ以外にも処理を部品化することでメンテナンスを効率化できるメリットがある。
　全社的に共通の処理があれば、それを部品化し共有・利用することで特定の処理がすぐに自動化できる。Automation Anywhere Enterpriseでは「MetaBOT」という機能であり、たとえば社内システムへID・パスワードを入力しログインする"認証処理"を部品化すれ

ば、認証処理の部分のロボット開発が不要になる。また基幹系業務に
「SAP」を利用している場合、SAPにアクセスし業務を選択して業務
画面から必要な項目に入力処理を行うことになるが、"SAPへのデー
タ入力処理"を部品化すればSAPのオブジェクト認識により変更に強
い高度なデータ入力処理の自動化が複雑なロボット開発なしで実現で
きる。

　そして、部品化した処理はワークフローでつなぐことができるの
で、一つの業務を自動化する際にかかる工数を削減することが可能だ。

　また、ロボットは共通部品をつないで開発しているので、処理が変
更になった場合はMetaBotの管理者が修正すれば、ロボットの修正が
完了する。たとえば社内の認証画面が変更になった場合、認証処理部
品を変更すれば、それを利用している複数のロボットは一括で修正す
ることができるので、メンテナンスにかかる管理負荷が圧倒的に軽減
される。

　さらに、開発に便利な機能として「レコード機能」がある。ロボッ
トを開発する際にこの機能を使えば基本部分のシナリオが自動で生
成される。このレコーディング機能がAutomation Anywhere Enter-
priseは格段に優れている。同様の機能を実装している他製品ではレ
コーディングを行う際は、1回のレコーディングで業務処理一つしか
生成することができない。そのため「レコーディング開始ボタン」を
押して、業務システムへの入力作業を行い「レコーディング終了ボタ
ン」を押す。この操作を繰り返しながら業務システムへの操作を続け
るという運用になる。

　一方、Automation Anywhere Enterpriseは、開始ボタンを1度だ
け押した後は通常通り作業を行い一連の作業が完了した時点で終了ボ
タンを押せば、全作業の流れをスクリプトとして自動生成する。しか
も生成されるシナリオは多様な記録方式に対応しているので、以下の
3つの方式で高度な自動化も難なく実現できる。

「Web Recorder」
　Web アプリケーション上のフォーム入力、ボタンクリック、テキストのコピーなど、さまざまな画面操作をHTML構文解析方式にて記録する。

「Smart Recorder」
　.NET Framework、Windows Presentation Foundation（WPF）、Java、Flex、Silverlightなどのテクノロジーで動作する。

「Screen Recorder」
　GUIアプリケーションの画面操作を3つの方式（①オブジェクトIDをキャプチャー、②画像認識、③座標方式）で記録する。
　最後に高度なテスト機能もAutomation Anywhere Enterpriseは優れており、「ステップ実行」、「ブレイクポイント」、「変数監視」など、本格的なテスト機能を搭載し、これも比較していたフローチャート型製品には不足していた機能であった。

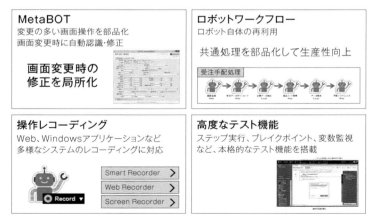

図4-8　部品化によるメンテナンス性の維持

4. 日立ソリューションズのRPAのケーススタディ

② 対応システムの種類は豊富か？

次に、対応するシステムの種類についてである。

【チェックポイント】
☑自動化対象システム
  ・Webシステム
  ・Officeアプリケーション
  ・Windowsアプリケーション
  ・UNIX
  ・メインフレーム 他
☑高度な自動化アーキテクチャ
  ・HTML構文解析［Webシステム］
  ・オブジェクト認識［Windowsアプリ 他］
  ・画像認識、座標認識［その他］

　業務の自動化において、対象とするシステムをRPA製品がサポートしていないと自動化することはできない。また、ロボットを開発し自動化を行ったとしても利用者端末の画面解像度の違いやOSのバージョンアップ等により影響を受けるようなロボットでは正常に動作せず自動化できているとはいえない。自動化にはHTML構文解析方式やオブジェクトID方式で実装する必要があり、それを可能とする自働化対象システムの豊富さと、高度な自動化アーキテクチャが求められる。

　これは自動記録・操作できるシステムの種類が多いことが重要であり、Automation Anywhere Enterpriseが実装しているGUI操作の再現技術として、「HTML構文解析方式」、「オブジェクトID方式」にて自動化することを基本とし、合わせて旧式の技術である「画像比較方式」、「座標方式」の4種類を実装しており、当社内の業務システムの

74

操作は画像認識や座標認識を駆使せざるを得ないシステムがあるものの、大概の業務の自動化が可能であった。

対応するシステムであるが、WebアプリケーションはHTML構文解析方式の対象となり、HTML、Javaアプレット、Silverlightなどに対応している。

ExcelやPDFなどのWindowsアプリケーションは、オブジェクトID方式で自動化できる。またSAPのERP（統合基幹業務システム）、JavaアプリケーションもオブジェクトID方式が対応している。また、端末エミュレータ（Linux、IBM 3270／5250、DEC VT100など）を搭載しているためメインフレーム、コマンドなども自動化可能だ。

また、GUI以外の操作技術として、PDFファイルやExcelファイル、メール、端末エミュレータなどを直接操作する約575種類のコマンドを用意しているため、「GUI操作の再現技術」と「GUI以外の操作技術」の組み合わせによる自動化対象の広さには突出するものがある。

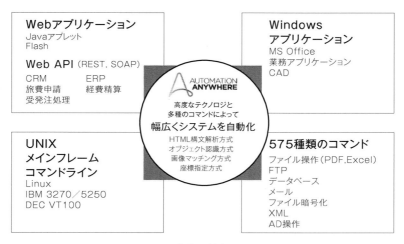

図4-9　豊富な対応システム

4. 日立ソリューションズのRPAのケーススタディ

図4-10　広い自動化対象

③ 管理機能は充実しているか？

　続いて、管理機能についてである。

　RPAは自動化の部分について注目しがちであるが、全社利用を行う場合は管理工数が膨大になることが想定される。

　当社に限ったことではないがRPAを導入するからといって、管理・運用する部門（当社ではIT部門）にRPA管理者を導入当初から増員するようなことはなく、効果が数字として現れるまでは現状の人員で対応することになる。もちろんRPAの評価においてもIT部門にはかなりの工数がかかっているが、PoCの段階で増員の願いが叶えられることはない。

　RPA導入後に効果が明確になればIT部門の体制強化の可能性があるが、それでも工数をかけるのであればシナリオ開発や活用支援によ

る効果の創出に注力したいところであり、管理工数をかけるのは極力避けたい。

　野良ロボット／闇ロボットの問題はもちろん、ロボット動作の不具合やセキュリティ事故などトラブルへの対策はなおさら回避したいものである。

【チェックポイント】

☑ロボット管理機能

- ・全社のロボットを全て把握できる
- ・稼働状況、エラーを集中管理
- ・ロボットへのアクセス管理
- ・ロボットの重複開発を避ける
- ・効率的なスケジュール実行
- ・各種レポート機能(費用対効果など)

　管理機能については比較した製品に比べてAutomation Anywhere Enterpriseは充実しており、ポイントとなった優れた機能をいくつか紹介する。

ダッシュボード

　その名の通り、全社のロボット運用情報を集中管理できるダッシュボードだ。

　実行中のロボットや実行を予定しているロボットの管理はもちろん、ロボット実行時の端末の「リソース消費」を管理することで、ロボット(業務)の実行が端末リソースをどのくらい消費するのかを分析し、負荷の高いロボット(業務)をよりスペックの高い端末で実行させるといったオペレーションが可能になる。

　「ボットの処理時間と起動回数」を管理することで全社のロボットが

現状の端末数での処理が可能なキャパシティを分析し、ロボットの稼働が集中する繁忙期を予測し一時的に実行端末を増設するといったフレキシブルな運用を行うことができる。

　ロボットの実行実績として「ボットの成功／失敗」を管理しているため、正常に処理が実行できなかったロボット（業務）を把握するだけでなく、失敗したロボットについては単なるエラーログの出力だけでなく「ボットのエラー原因」を詳細に分析し、課題への対策を実施することができる。

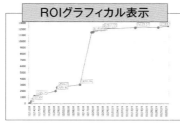
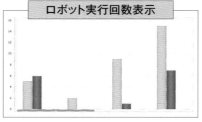

図4-11　充実した管理機能

その他にも、

・ロボット管理（ロボット実行状況・実行履歴）
　ロボット管理サーバから起動指示したロボットの実行状況・実行履歴をリアルタイムで表示する。表示するロボットはロールを定義すれば、グループ内で現在利用中の端末やロボットを共有することも可能だ。

・クライアント管理
　ロボット開発端末、ロボット実行端末の空き状況を管理できる。
　開発アカウントを共有する際の貸し出し管理や、実行端末にて稼働するロボット数の最適な配置などに不可欠な機能である。

・実績レポート
　RPAを利用している限り当然のように投資効果（ROI）の算出が求められる。
　これを算出するには正常終了したロボットの稼働時間の管理や、ロボットの稼働時間と従来の人が行っていた作業時間との差分からROIを算出する必要がある。
　Automation Anywhere Enterpriseは指定した期間で削減した工数を金額換算してROIをグラフィカルに表示する機能や、ロボットの実行回数なども表示可能だ。
　これらの実績レポートはPDF、Excel、CSV形式にて出力できるため、社内報告書の作成には大変助かる機能であった。

4. 日立ソリューションズのRPAのケーススタディ

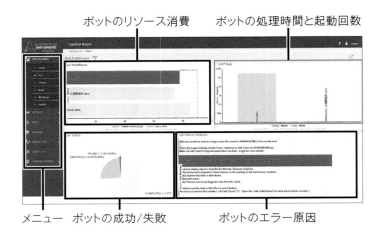

図4-12　その他の有益な機能

　それ以外にもAutomation Anywhere Enterpriseにしか備わっていない全社運用に有益な機能がある。

ロボット管理（イベントによる実行）
　ほとんどのRPA製品はロボットを起動する際は、ユーザーが手動で実行する「即時実行」や、あらかじめ設定したスケジュール通りに自動実行される「スケジュール実行」が可能である。ただしこの起動方式だけだと、一つのシステムで処理が終了した後に、その後の処理を別のシステムが引き継ぐような自動化を行う際、一つ目のシステムが終了する時間を予測してスケジュールを設定しなければならない。その場合は一つ目のシステムの処理が終了する前にロボットが起動しては正常に業務の運用ができず、それを避けるために二つ目のシステムを操作するロボットの起動するスケジュールに余裕をもって設定するとタイムラグが発生する可能性がある。そこで有益な機能が「イベン

80

トによる実行」だ。システムの終了時に通知する仕組みがあればそれ
を検知して次のシステムの操作を行うロボットを起動することができ
る。メール受信や指定したフォルダーにファイルが登録されたことを
検知して起動するフォルダー監視などは大変便利な機能である。

ロール管理

　基幹システムや社内ポータル、CRM、ファイルサーバなど社内シス
テムへのアクセス管理は人事管理マスタなどと連携し適正に管理され
ているのが一般的である。RPAを全社運用する場合は同様のユーザー
管理が必要になるのは当然である。たとえば、人事部門が開発した
ロボットを他のユーザー部門がアクセスし起動することができると、
人事データベースにアクセスし個人データを参照し活用されては大問
題だ。そもそも業務は部門内で管理されるものであり、他部門のユー
ザーがロボットに自由にアクセスすること自体あってはならない。
　Automation Anywhere Enterpriseはユーザーに割り当てるロール
を定義することが可能であり、ロボット開発端末やロボット実行端
末、ロボット管理サーバへの権限を設定することができる。権限設
定はロボットへのアクセス制限だけでなく操作権限やリポジトリへの
アクセス権管理によりロボットのダウンロード権限などを企業のポリ
シーに則ったきめ細かい設定を行うことができる。

81

4．日立ソリューションズのRPAのケーススタディ

システム管理	ダッシュボード	正常に完了したロボット、失敗したロボット、予定されているロボット、実行中のロボット、リポジトリ情報の一覧などを確認することができます。
	クライアント管理	ロボット開発端末（Bot Creator）、ロボット実行端末（Bot Runner）がインストールされているクライアントマシンを管理します。マシン名、ユーザ等を管理します。
ロボット管理	ロボット管理	サーバにアップロードされているロボットなどのファイルを管理します。
	即時実行	ロボットを即時に実行します
	スケジュール実行	ロボットをスケジュールで実行します
	イベントによる実行	ロボットをイベント（メール受信、フォルダ監視 etc）で実行します
	ロボット実行状況・実行履歴	ロボット管理サーバ（Control Room）から起動指示したロボットの実行状況や履歴を確認できます。
ユーザ管理	クレデンシャル管理	システムの認証に必要な様々な資格情報を一元管理してセキュリティを保護します。
	ユーザ管理	Active Directoryユーザまたはローカルユーザの登録・変更・削除ができます。
	ロール管理	ユーザに割当てるロールを定義します。ロボット開発端末（Bot Creator）、ロボット実行端末（Bot Runner）、ロボット管理サーバ（Control Room）の利用者に適切な操作権限やリポジトリのアクセス権限（ロボットのダウンロード等）を割り当てます。
ログ管理	監査証跡ログ	ロボット管理サーバ（Control Room）の操作ログとロボットの実行ログを記録します。ログはCSV形式に出力できます。
レポート機能	実績レポート	指定期間のROI、各ロボット実行回数などをPDF,Excel,CSV形式で出力します

図4-13　RPAの運用を省力化するさまざまな管理機能

④ 製品の環境・状況などは？

　最後にその他として以下の項目をチェックしておく必要がある。

【チェックポイント】
☑その他のチェック項目
　・導入実績
　・購入後にも安心できるサポート体制
　・製品の将来性、製品戦略
　・ライセンス体系・価格面

(4)製品を選び出す決め手

　これまでの評価を経て、当社はAutomation Anywhere Enterprise を採用する方向で検討を進めてきたが、最後の外せないポイントして大きく2点あると考える。

　一つ目は、当社での利用はもちろんであるが、日立グループやお客様への製品の活用拡大を想定した場合、RPA製品メーカーとして Automation Anywhere社の企業規模や経営体制に問題がないかという点。それには単なる企業評価だけではなく、サポート体制や製品の将来性、製品戦略も重要なポイントとなる。

　米国Automation Anywhere社については、2003年に米国カリフォルニア州サンノゼに、当時としてはまだ珍しかったRPA専門企業として設立され、顧客数は1,000社を超え、グローバル拠点で2,000超のロボットを稼働させるなど大規模な導入実績が豊富である。

　フォレスター・リサーチの調査では、グローバルでトップシェアを誇り、製品機能・BOT開発性、業務適用範囲、企業のビジョン・戦略についても高い評価を得ている企業であり、RPAの供給メーカーとしての不安要素はないと判断した。

4. 日立ソリューションズのRPAのケーススタディ

図4-14　Automation Anywhere社の概要

　二つ目は、システムの拡張に合わせたライセンス体系や価格である。
　Automation Anywhere Enterpriseのシステム構成はロボット開発端末の「Bot Creator」、ロボット管理サーバの「Control Room」、ロボット実行端末の「Bot Runner」で構成される。
　システム拡張性については、社内に展開・業務自動化が進みロボットが増加することで実行環境が不足した際、もしくは繁忙期に一時的にロボットが増加する場合。通常のシステムであればWebサーバの負荷分散やDB分割等を行う必要があるが、Automation Anywhere Enterpriseはロボット実行端末の「Bot Runner」を単純に追加するだけで対応が可能だ。また、サーバが必要ではあるが、各現場でクライアント環境を専有し自由にロボット開発・実行を行うことが可能なライセンスも用意されている。
　ライセンス体系や価格については、開発・実行端末とサーバの数で決まる。開発したロボットは課金対象にならないためロボットをいく

つ登録しても価格には影響がない。

　当社が全社展開に向けて価格で考慮した点は、Automation Anywhere Enterpriseは実行端末の価格が他製品に比べて安く、ロボットが増加しても実行端末の追加だけでスケールアウトが可能である点を高く評価した。

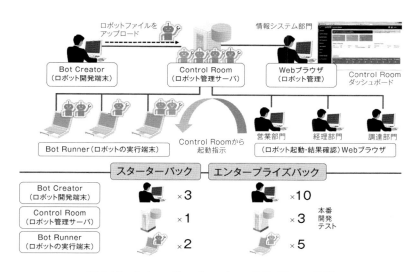

図4-15　Automation Anywhereのライセンス体系

　このように、製品機能だけでなく価格面やメーカーの将来性・信頼性など、さまざまな観点で比較・検討した結果、全社導入に適したAutomation Anywhere Enterpriseを当社は選定した。

4. 日立ソリューションズのRPAのケーススタディ

(4) 8つの課題はどうなったか

　あらためて、RPA全社導入における8つの課題を見てみよう。
　おさらいになるが、8つの課題は以下の内容である。

1 「野良ロボット／闇ロボットが発生する」

　RPAはユーザー部門がロボットを開発・運用することが可能なため、「野良ロボット」と呼ばれる管理者不在のロボットが放置され、またコンプライアンスに違反している「闇ロボット」が発生し社内システムに悪影響を与えるといった問題。それを防止することが難しい。

2 「ロボットの開発は難しい」

　RPAのメリットとしてシナリオ開発はプログラミングスキルが不要といわれるが、それなりのITスキルが必要なことからITスキルの高いユーザーを除いて一般のユーザーがロボットを開発することが難しい。また、自動化に適するように業務フローの変更が必要な場合も多い。

3 「期待したほど活性化しない」

　ユーザー部門がRPAの本質を理解していないこともあり、自動化対象業務の抽出や業務フローのドキュメント化などユーザー部門からの協力を得られず、結局一部の部署・業務での利用にとどまり、全社に浸透しないままRPAへの投資に対する効果を創出できないケース。

4 「自動化できない業務が多い」

　定型業務であっても業務フローにルールと手順が決められていない場合は自動化ができない。また、RPA製品の仕様にもよるが業務システムに製品が対応していないことから本来計画していた業務の自動化

が実現できなかったという残念な結果。

5「ROIを算出できない」

導入効果を測定したいが算出が困難。特に各部門が主導的に導入を進め、さらに部門ごとにさまざまなRPA製品を導入した場合はROIを全社規模で算出することは難しい。

6「全社で管理・運用するには？」

全社でRPAを管理・運用するための体制やルール作りに関して統括する部門が不在であることや、IT部門で管理するにもノウハウやリソース不足の問題から全社展開ができない。

7「IT部門のロボット開発の負荷が大きい」

ロボット開発をIT部門で請け負う場合、部門の負荷が大きく現状の人員体制では対応に限界がある。働き方改革の推進を目的に導入したにも関わらず、IT部門の残業時間が増加するという本末転倒な結果に。

8「セキュリティは大丈夫？」

機密情報や個人情報を扱う業務に利用した場合、外部から不正アクセスによる情報漏えいや意図的な誤処理を行う可能性があり、通常のシステム同様のセキュリティ対策が必要である。また各ロボットへのアクセス制限・操作権限の設定ミスにより部内の秘匿性の高い情報が他部署に漏えいすることは社内であってもセキュリティ事故といえる。

4．日立ソリューションズのRPAのケーススタディ

それぞれの解決状況をみる

　これらの８つの課題に対して、当社は製品としてAutomation Any-where Enterpriseを選定したことで、製品で解決できる部分がどこまであるだろうか。

　以下項目ごとにチェックしてみよう。

1「野良ロボット／闇ロボットが発生しない」　→　未解決

　管理機能にて全社のロボットの稼働や状況や登録されているロボットのリポジトリ管理、稼働実績を表示する実績レポート等など統合管理できる点はポイントではあるが、登録されているロボットが野良ロボットかどうかの判断は製品機能で補うことはできない。

　またユーザーが開発したロボットがコンプライアンスに違反する闇ロボットかどうかを管理するのも、残念ながら製品に機能は無く、ロボットを本番環境に登録する前に管理者がシナリオのチェックやテストを行うといった運用で解決すべき課題である。

2「ロボットの開発は難しくない」　→　解決！

　プログラミングスキル不要でロボットを開発できることはもちろん、シナリオ開発時のレコーディング機能や「MetaBot」による共通処理の部品化と、部品をワークフローでつなげることにより効率的にロボットを開発することが可能である。

3「現場への展開・定着」　→　未解決

　現場への展開。つまりユーザー部門にて自動化業務を選定しロボットの開発・運用を定着させるというプロセスは、製品ではなく運用で解決すべき課題である。

4「自動化したい業務はほぼ自動化できる」→解決！

　自動化に関して、GUIの再現技術は「HTML構文解析方式」や「オブジェクトID方式」、「画像比較方式」、「座標標識」など4つの方式に対応しており、GUI以外の操作技術としてもPDFファイル操作やExcel操作、ターミナルエミュレータ操作などを組合せることで、当社内のシステムの操作については、一部自動化に課題のある操作が残るものの大体の業務の自動化が可能であった。

5「ROIを算出できる」→解決！

　ロボットが稼働することで削減された時間を金額換算し、それをグラフィカルに表示する機能によりROIの算出が可能だ。

　あくまでも業務の自動化により、空いた時間を他業務にシフトすることで創出した効果は含めない前提での算出ではあるが。

6「全社で管理・運用する」　→　未解決

　RPAの全社運用の話であるため、製品で解決できる話ではない。

7「IT部門のロボット開発負荷が少ない」　→　未解決

　IT部門が現場の業務をユーザー部門に代わって自動化（シナリオ開発）を行うということであるが、IT部門がシナリオ開発するには業務の担当者から業務手順のヒアリングを行い、業務を理解したうえでシナリオ開発を行うことになる。業務担当者とIT部門とのコミュニケーションがポイントであり、この課題はRPA製品の機能で解決する課題ではない。

8「セキュリティの問題なし」　→　解決！

　Automation Anywhere Enterpriseは強固なセキュリティを強みにしている製品である。

4. 日立ソリューションズのRPAのケーススタディ

　グローバルマーケットではシティバンクをはじめ大規模金融機関で導入実績が豊富であることから「金融機関で利用可能なレベルのセキュリティ」を謳っている。

　具体的には、AES256による暗号化やKerberos認証、シングルサインオンのSAML2.0対応、2要素認証など、さまざまな認証に対応し、Credential Vault 2.0として資格情報などの秘匿情報を格納し開発者は内容の参照は不可にするなど、第三者に開示できない秘匿性の高い業務のロボット開発をIT部門または社外パートナーに委託することも考慮したセキュリティだ。

　当社はAutomation Anywhere Enterpriseを選定することで、「RPA全社導入における8つの課題」のうち一部運用や工夫で補完している部分もあるが、4つまで解決したことになる。

　なお、未解決の残り4項目については、当社の運用面への取り組みを記載した次節「全社展開の進め方」にて解決のポイントを探っていく。

4-2 全社展開の進め方

(1)全社展開を阻む山積した課題

　前節(4)の通り、RPA製品に関してはPoCの実施を経て「Automation Anywhere Enterprise」を選定した。

　次のプロセスは、部門を限定したスモールスタートを実施し、最終的には全社展開を行うことになる。

　当然ではあるが当社もRPAを全社展開するのは初めての経験であり、全社展開に向けて何をすべきかわからず、課題が山積みであることは容易に想像できた。

　具体的な課題とは、RPAを知らない現場への説明が必要であるが「誰がどうやってRPAを各部署に説明するのか？」、「ロボットの開発や利用の教育はどうするのか？」。

　ロボットはだれかが開発しない限り自然と発生することはないのだから「そもそも誰がロボットを作るのか？」。

　現場でロボットを作る場合は当然ながら問い合わせ対応など、サポートが必要だが「ヘルプデスクの対応は？」、「FAQの整備は？」。

　折角全社で利用するのだからロボットは共有したいが「作ったロボットの共有方法は？」。

　開発したロボットの仕様や開発ルールに関してドキュメントも必要になるが「ロボット仕様書は？」、「開発ガイドラインは？」。

　実はPoCは通常業務を行う中での並行作業であったため、正直PoCの段階で全社展開にここまで課題があるとは想定しておらず、RPAの全社展開は負担が大きいものであった。

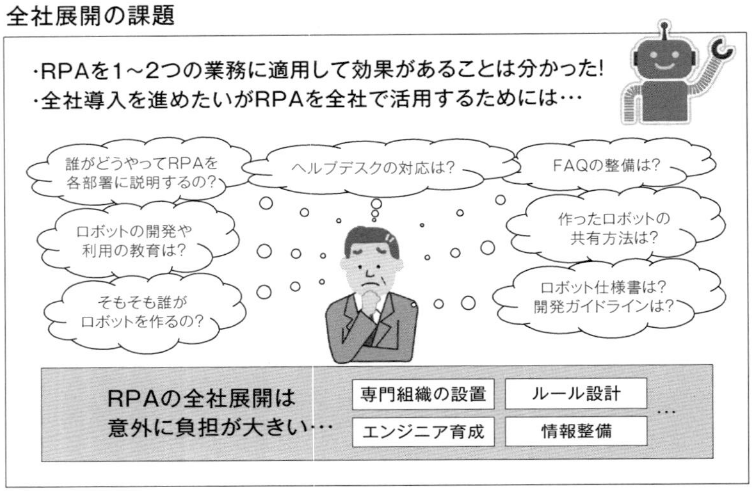

4. 日立ソリューションズのRPAのケーススタディ

全社展開の課題

・RPAを1～2つの業務に適用して効果があることは分かった！
・全社導入を進めたいがRPAを全社で活用するためには…

誰がどうやってRPAを各部署に説明するの？

ヘルプデスクの対応は？

FAQの整備は？

ロボットの開発や利用の教育は？

作ったロボットの共有方法は？

そもそも誰がロボットを作るの？

ロボット仕様書は？開発ガイドラインは？

RPAの全社展開は意外に負担が大きい…

| 専門組織の設置 | ルール設計 |
| エンジニア育成 | 情報整備 |

…

図4-16　RPAの全社展開に向けて

(2)はじめに準備すること

まずは、全社展開のための準備すべき項目の整理を行った。

大きくは以下の4項目に分類される。

① RPA周知と対象業務の選定

RPAはユーザー部門が積極的に利用しない限り、企業内に定着しない。

それは自動化対象の業務は各現場にあり、自動化可能な業務の判断についても現場の業務担当者の協力が不可欠だ。

特に現場がRPAに間違った認識を持っていた場合、たとえば「従業員のリストラを目的とした自動化ではないか」や「業務フローが明確になると自分の存在価値がなくなる」といった抵抗感である。まずは

92

最初にそれを払拭する必要がある。

　だからこそ各部門への説明会を行い、RPAの真の導入目的や効果を理解してもらうことで自動化対象業務の抽出に協力してもらうことが可能になる。

　【準備項目】
　☑RPAとは？各部門への説明会
　　・RPAを知ってもらうための利用部門向け説明会
　☑適用業務例・効果の提示
　　・どんな操作なら自動化できるのか？
　　・実際にどのぐらいの効果が出ているのか？
　☑ロボット化対象業務の抽出と優先順位決定
　　・各現場担当者から候補を抽出してもらう
　　・多数抽出された場合の開発優先順位決定ルール

② ルール制定・標準化
　RPAの運用に関して、各現場のロボット開発やロボット運用を統制するためにもルールの制定や標準化が必要となる。

　また、これらを規定したガイドラインや開発したロボットの仕様書など、各種ドキュメントの整備も不可欠だ。

　【準備項目】
　☑開発ガイドライン
　　・開発プロセス、コンプライアンス、エラー処理
　☑テストガイドライン・テストチェックリスト
　　・テスト範囲、テスト環境
　☑運用ガイドライン
　　・稼働時間、費用負担、アクセス権限

☑ロボット仕様書ドキュメント
　　・仕様書記載範囲、フォーマット

③ ロボット開発

　ロボットの開発については、自部門（各現場）で開発を行うパターンと、取りまとめ部署（当社では「RPAセンター」を設置）にて開発を請け負うパターンがある。前者の場合は現場への製品開発トレーニングやヘルプデスク等の開発支援が必要になり、後者の場合は取りまとめ部署の開発者が現場の業務担当者へ業務のヒアリングを行う必要があり、どちらのパターンも対応できるよう準備が必要だ。

　【準備項目】
　■自部門でロボットを開発
☑製品トレーニング
☑開発ヘルプデスク
☑開発機器の割り当て・管理
☑開発したロボットの入庫チェックと本番環境へ配置

　■RPAセンターでロボットを開発
☑業務のヒアリング
　　・RPAエンジニアがロボットを開発するために、担当者から業務をヒアリング

④ 部品・ナレッジ共有

　全社運用を行うのだから、全社のナレッジ共有を行うべきである。
　他部門も利用可能なロボットの共有、特にAutomation Anywhere Enterpriseは業務処理ごとにロボットを部品化できるため、それを共有する仕組みは有益だ。

FAQについては、メールなどではなくイントラネット内に専用サイトなどを設置する方が質問と回答を全社で共有できるため利便性が高い。できれば「Yahoo!知恵袋」のようなインターネットの質問・回答サイトみたいなフォーラムもあれば課題解決も取りまとめ部署の回答待ちがボトルネックになることもない。

【準備項目】
☑利用可能なロボットの共有
☑ロボット部品の共有
☑サンプルロボット
☑開発のコツ
☑FAQ
☑ロボット開発者間での情報交流(社内フォーラム)

1 RPA周知と対象業務の選定

☑ RPAとは? 各部門への説明会
　　RPAを知ってもらうための利用部門向け説明会
☑ 適用業務例・効果の提示
　　どんな操作なら自動化できるのか?
　　実際にどのぐらいの効果が出ているのか?
☑ ロボット化対象業務の抽出と優先順位決定
　　各現場担当者から候補を抽出してもらう
　　多数抽出された場合の開発優先順位決定ルール
　　　　　　　　　　　　　　　　　　　　　　など

3 ロボット開発

●自部門でロボットを開発
　☑ 製品トレーニング
　☑ 開発ヘルプデスク
　☑ 開発機器の割り当て・管理
　☑ 開発したロボットの入庫チェックと本番環境へ配置
●RPAセンターでロボットを開発
　☑ 業務のヒアリング
　　　RPAエンジニアがロボットを開発するために、
　　　担当者から業務をヒアリング
　　　　　　　　　　　　　　　　　　　　　　など

2 ルール制定・標準化

☑ 開発ガイドライン
　　開発プロセス、コンプライアンス、エラー処理
☑ テストガイドライン・テストチェックリスト
　　テスト範囲、テスト環境
☑ 運用ガイドライン
　　稼働時間、費用負担、アクセス権限
☑ ロボット仕様書ドキュメント
　　仕様書記載範囲、フォーマット
　　　　　　　　　　　　　　　　　　　　　　など

4 部品・ナレッジ共有

その他にも以下の項目はチェックしておくべきです

☑ 利用可能なロボットの共有
☑ ロボットの共有
☑ サンプルロボット
☑ 開発のコツ
☑ FAQ
☑ ロボット開発者間での情報交流(社内フォーラム)
　　　　　　　　　　　　　　　　　　　　　　など

図4-17　全社展開のための準備

まずは1〜3について当社の事例を解説していく。

なお、3については自部門で開発するパターンに限定し、RPAセンター（取りまとめ部署）にて開発を請け負うパターンは次章にて解説する。

(3)全社展開のステップ

全社展開の進め方としては、「準備」、「拡大」、「定着」の3つのステップで進めていくことになる。

「準備」は、社内ルールの制定やRPAの管理・運用を行う専門組織「RPAセンター」を社内に設置し、CoEとして全社横断的にRPAを一元管理していく。

「拡大」は、各現場の自動化対象となる業務の抽出を行う。合わせて職場で業務の見直しを行うことで、間違った業務フローのまま自動化を行うことの防止や自動化が可能な業務フローへの変更などを行う。

「定着」は、ロボット開発・運用・保守を現場で行えるようにRPA責任者及び開発担当者の任命を行う。なお、ロボットの開発はスキルの問題もあり必ずしも現場で開発を行う必要はなく、その場合はRPAセンターへ開発を委託するための運用を全社ルール（原則、EUC（End User Computing））として決めておく必要がある。

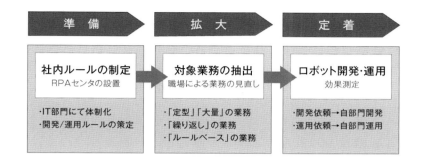

図4-18　全社展開の進め方ステップ

①「準備」社内ルール制定・標準化

　全社展開の進め方をステップごとに解説していく。
　まずは、社内ルールの制定と専門組織（RPAセンター）の設置を行う「準備」についてだ。

専門組織を設置する
　当社ではRPAの全社導入を管理・運用する専門組織としてCoEである「RPAセンター」を設置した。
　RPAセンターはIT部門のメンバーを中心に一部当社グループ会社のエンジニアが参加する形で構成されており、体制・機能としては以下となっている。

センター長（PM）
　RPA運用・管理の責任者であり、製品ライセンスや環境構築などに関わる予算管理や幹部への報告業務を行う。
　運用全体への関わりを持ち、導入戦略・方針の策定やRPAシステム

構築における要件定義、運用ルールの策定、各種ガイドラインの策定に関与する。

運用チーム

RPA運用に関わる基盤全体の維持管理を行う。

具体的にはRPAシステム構築・管理・運用、RPAに関する情報を管理する文書管理基盤／ポータルシステムの構築・管理・運用など。

また、全社で共有するシナリオファイルや部品・テンプレートの登録・管理を行う。

なお、ユーザー部門がロボットの開発やロボットを実行する際は申請に対する承認制にしているため、審査・承認や開発アカウント管理も行う。

開発チーム

ユーザー部門からロボット開発の依頼（申請・承認）があった場合にロボットの受託開発を行う。そのための現場の業務担当者へのヒアリングや業務試行テストなど開発作業を行う。

なお、業務ヒアリングを行う際に自動化に適した業務フローへの見直しを目的とした業務担当者との調整も重要なタスクである。

ちなみに開発チームのメンバーについては、当社グループ会社のエンジニアも在籍しているが、目的は将来のRPAビジネスへの参入を想定したトレーニングも兼ねている。

サポートチーム

ユーザー部門からのRPA関連問合せや障害時の対応を行う。

問合せと回答をFAQとして作成しポータルシステム上で運用する。

なお、ユーザー間でシナリオ開発に関する質問・回答を行うフォーラム（社内版「Yahoo!知恵袋」）については不適切な投稿やユーザー間

のトラブルが発生しないよう監視を行っている。

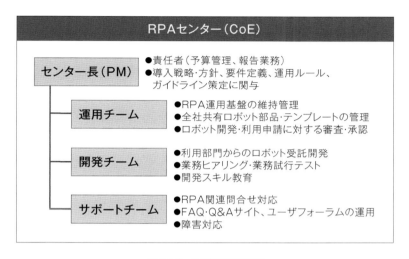

図4-19　専門組織の設置

全社運用に適した環境構成にする

　当社のRPAシステムの構成については、全社運用に適した環境構成としている。

　Automation Anywhere Enterpriseのシステム構成はロボット開発端末の「Bot Creator」、ロボット管理サーバの「Control Room」、ロボット実行端末の「Bot Runner」で構成されるが、ポイントは2つあり、1つ目は開発端末を利用する際は申請制にしているところだ。ユーザー部門がロボットを開発する際は「ロボット開発機借用申請書」に必要事項を記載し申請を行い、RPAセンターにて審査・承認を行う。申請が承認されると開発アカウントが発行されユーザー部門の開発者

は自席PCから開発端末にRDP（Remote Desktop Protocol）接続しシナリオ開発を行う。

2つ目のポイントは、ユーザー部門が開発したシナリオファイルは管理サーバにて管理されるが、管理サーバは開発環境と本番環境に分かれており、この段階では開発環境にて管理されロボットが実行されることはない。ロボットを実行する際は、あらためて「ロボット入庫申請書」に必要事項を記入しシナリオファイルとロボットの仕様書を添付する。その際に開発したシナリオが「開発ガイドライン」に沿った開発内容になっているのか「入庫申請チェックシート」をユーザー部門にて記入してもらい、上長の承認を経たうえでRPAセンターが確認する運用としている。

これにより、登録されるロボットの一元管理と開発ルールに沿った適正なロボットが登録されるため、コンプライアンスに違反した"闇ロボット"の登録や実行を防止することができる。

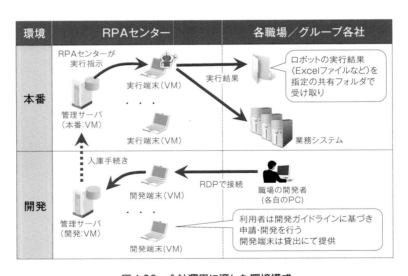

図4-20　全社運用に適した環境構成

開発機の申請フロー

　2つのポイントについて、具体的な申請のフローを見てみよう。

　ユーザー部門が開発を行う際は、開発機の利用者が「ロボット開発機借用申請書」に必要事項を記入し、RPAセンターに提出する。

　RPAセンターにて申請内容をチェックし、記載漏れや自動化対象業務と想定効果を確認し「開発機貸出台帳」に登録を行う。

　申請を受け付けたことをメールにて申請者に通知し、RPAセンターにて開発機の割り当て調整を行う。

　調整が完了すると開発機へのアクセス方法と開発アカウントをメールにて利用者に案内する。

　なお、開発環境の利用期間は"原則10日"としている。業務の都合等により開発期間が足りない場合の延長申請は可能だが、開発期間が単純に10日を超えるような場合の延長は許可しない。理由はテスト作業を含めシナリオ開発に10日以上かかるような業務は自動化に適さないと考えられる。500ステップを超えるような大規模ロボットや複数のイレギュラー処理にシナリオ開発するようなことを防止するためだ。

　利用期間終了の3日前にRPAセンターからメールでお知らせを行い、開発期間が終了すると利用者は開発環境の返却をメールの返信で回答する。

　RPAセンターにて返却を受け付け、開発環境のリセットを行い「開発機貸出台帳」を更新して、返却が完了する。

4. 日立ソリューションズのRPAのケーススタディ

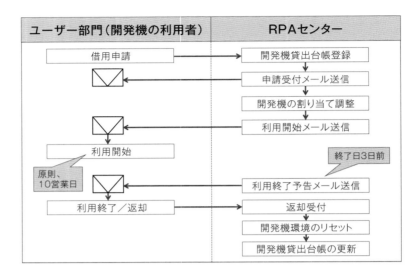

図4-21　開発機の申込み手続き

ロボット入庫の申請フロー

　ユーザー部門が開発したロボットを稼働させる際は、あらためて「ロボット入庫申請書」に必要事項を記入し、開発したシナリオファイルとロボット仕様書、「入庫申請チェックシート」を添付し入庫依頼申請を行う。

　申請を受けてRPAセンターにて「入庫申請チェックシート」にもとづきロボット仕様書の内容を確認する。

　ロボット仕様書に問題がなければRPAセンターにてロボット（シナリオファイル）を本番環境にアップロードを行う。

　ロボットの業務利用を開始する前に、RPAセンターにて申請者立会いの下、運用環境で動作確認及び調整を行う。

　申請者からロボットの動作確認を得た後にロボット起動スケジュー

ルを設定し、業務利用開始となる。

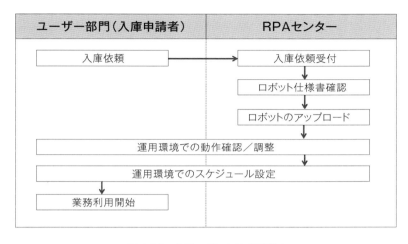

図4-22　本番ロボット入庫手続き

　参考までに、ユーザー部門がロボットの入庫申請を行う際に記入する「入庫申請チェックシート」を紹介しておく。
　ユーザー部門のロボット開発者が入庫チェックリストに基づきロボットの確認を行う。入庫チェックリストでは、本番運用に使用するロボットの品質チェック（エラー処理が組み込まれているか、メール通知処理の宛先と頻度は適切かのチェック）、モラルチェック（承認処理の自動化が組み込まれていないか）を実施することで、ロボットの品質向上や野良ロボット／闇ロボットの発生防止を目的としている。
　チェック項目は、以下の6項目になっている。

4. 日立ソリューションズのRPAのケーススタディ

［入庫申請チェックシート］

1．「ロボットファイル内にLDAP-ID／パスワードを書き込んでいない」
2．「自動承認などコンプライアンスに反したロボットを作成していない」
3．「社内ルール (頻度／著作権) に反した社外サイトへのクローリングロボットを作成していない」
4．「社外サイトに対してクローリングするような処理が含まれるが、社内ルールで定義された実行間隔を設けている」
5．「エラーハンドリング処理を組み込んでいる」
6．「ロボット名は「ロボット命名規則」に準拠していること」

ロボット命名規則は「開発ガイドライン」に記載

ロボット開発のガイドラインをつくる

　ロボット開発において開発ポリシーやルールの統制に重要な「開発ガイドライン」についても触れておく。

　開発ガイドラインには"用語の定義"や"自動化対象業務の選定基準"、"開発規定"などが記載されている。

　代表的な内容を一部紹介すると、

　ロボット開発の原則として、「自動化に適した業務の基準や実例」、または「自動化に対応するために必要な業務プロセスの変更の考え方」などを記載している。

　また、開発プロセスの定義では、「ロボット仕様書作成時に使用するツールや作成ルール」、「開発したロボットの動作確認とチューニングに関する注意点」など。

　開発の規定に関しても、「開発に利用するPC環境における注意点」

や「開発環境の返却時に実施すべき作業内容」。

障害時に対する考慮事項として、「エラーハンドリング処理として組み込むべきスクリプトサンプル」や「メール配信時の注意事項とスクリプトサンプル」。

メール利用に関しては、「メール送信処理を組み込む場合の同時送信件数等の制限や禁止事項」を記載している。

他にも、負荷対策に関する規定で、「社外サイトへのクローリング処理の実行間隔は社内ルールに準ずること」や、テストの実施に関する規定として、「ロボット実行が終わらない無限ループ処理にならないために必ずテストを実施すること」が記載されている。

最後に、禁止事項に関する規定として、「入庫申請チェックシート」に記載した「自動承認などコンプライアンスに反したロボットを作らないこと」と「社内ルールに反した社外サイトへのクローリングロボットを作らないこと」が明記されている。

なお、当社では「開発ガイドライン」以外にも運用ルールや運用規定を記載した「運用ガイドライン」も作成している。

4．日立ソリューションズのRPAのケーススタディ

ソフトウェアロボット開発ガイドライン

本資料は、AutomationAnywhereにおけるソフトウェアロボット開発のガイドラインです。
開発ガイドラインには、ソフトウェアロボットを正しく動作させるために必要な項目や、コンプライアンスに関する項目が
記載されています。ソフトウェアロボット開発の際は、必ず目を通すとともに、記載の内容を遵守してください。

#	区分	説明	チェック
1	コンプライアンス （禁止事項）	承認処理を自動実行する機能を作り込まないこと	
2	コンプライアンス （禁止事項）	短時間に大量のWEBクローリングを行うような 機能を作り込まないこと	
3	基本機能 （エラー処理）	エラー発生時にログを出力する機能とエラー発生画面の スクリーンショットを取得する機能を組み込むこと	
4	基本機能 （分岐処理）	条件分岐や繰り返し条件が意図したとおりに なっているか必ずテストすること	

図4-23　開発ガイドライン

②「拡大」RPA周知と対象業務の選定

　全社展開の進め方ステップの「準備」の次は「拡大」について解説する。

　このステップは各現場の自動化対象業務の抽出と、職場による業務の見直しを行う。

　実はこのステップは現場の意識付けができていない段階であるため、3つのステップの中で最も難易度が高いといえる。

　仮に管理部門または経営層から突然「RPAを導入します」といわれても、現場は素直に導入に協力するだろうか。

　当社は「働き方改革」を推進する施策の一つという位置づけでRPAを導入したため、各職場には協力的な土壌が形成されていたにもかか

106

わらず、現場は決して協力的ではなかった。

新しい取り組みやITツールを導入しようとすると、現状の運用が変わることや新たな作業が増えることに現場は過剰反応し必ずといっていいほど抵抗する。

保守的な文化は日本企業の特徴というべきか、当社はまさに典型的な日本企業といえる。

現場からは「管理・運用で現場の負担が増えそう……」とか、Excelマクロ崇拝者は"業務の自動化"というキーワードに反応し「Excelマクロと何が違うの？」とか、特に多かった声が「毎月、同じことをやっているが、工数が少ないから自動化しても……」であり、RPAイコール"大量の事務処理"というイメージを持つ方が多く、どうやらメディアの影響を強く受けているようだ。

このような現場のネガティブな逆風が吹き荒れる中、RPAセンター主催にて各本部向けにRPAの説明会を実施した。

説明会は働き方改革を傘に本部長経由によるトップダウンで各本部のメンバーの出席を募った。ただし、説明会当日は完全なアウェー状態であり通常の説明では現場はRPAに興味を示さないことはわかっていた。

そこで説明会を行う前に対象の部門に対して事前に業務ヒアリングを行い自動化可能なものを1、2業務選択し、RPAセンターにてロボットを作成しておく。そして説明会当日に事前に作成したロボットのデモンストレーションを行うのだ。

出席者にしてみれば、自部門の業務が自動で動いている。しかも通常20〜30分かかっている作業が1分もかからずに自動で処理を終了する様は驚愕である。

これを見せられた後では、RPAに対する現場の意識が大きく変わる。各業務担当者はRPAを身近なものとして認知し業務の自動化に期待を持ち始め、現場の対象業務の抽出を目的としたRPAセンターによ

るヒアリングに対しても、多忙な業務の合間をぬって打ち合わせに時間を割いてもらえるのだ。

ちなみに社内にすでにロボットを活用している部署があれば、その部署のユーザーが他部署の説明会に参加し業務で稼働しているロボットの実行しているところを見せることも効果的である。

当社の人事部門の事例になるが、説明会実施後に自動化対象業務が65件抽出され、そのうち代表的な業務をRPAセンターにてロボット化の受託開発を行い実業務で運用を行うに至った。

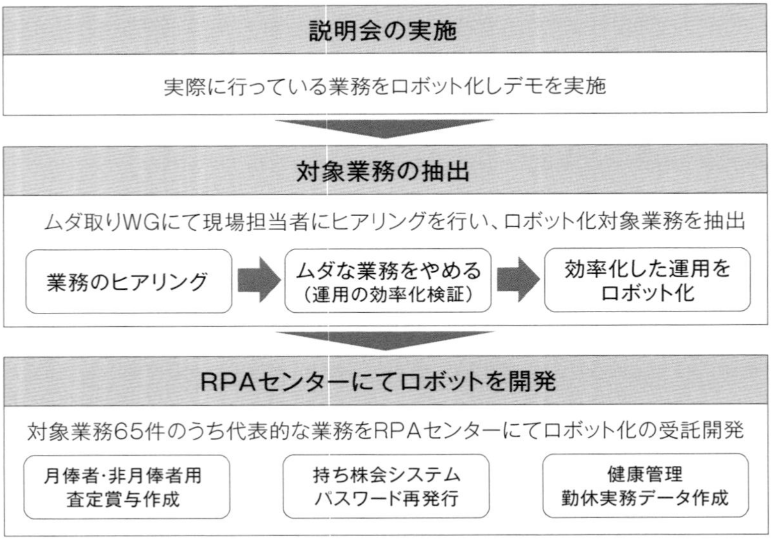

説明会の実施
実際に行っている業務をロボット化しデモを実施

対象業務の抽出
ムダ取りWGにて現場担当者にヒアリングを行い、ロボット化対象業務を抽出

| 業務のヒアリング | ムダな業務をやめる（運用の効率化検証） | 効率化した運用をロボット化 |

RPAセンターにてロボットを開発
対象業務65件のうち代表的な業務をRPAセンターにてロボット化の受託開発

| 月俸者・非月俸者用査定賞与作成 | 持ち株会システムパスワード再発行 | 健康管理勤休実務データ作成 |

図4-24　RPAセンター主導の進め方

③「定着」ロボット開発・運用

　全社展開の進め方のステップの最後は「定着」について解説する。

　このステップは現場でロボット開発・運用を行うことでRPAの現場定着を進めるものであるが、併せて各現場で効果を測定する取り組みも行う。

　「定着」のステップでは、すでに実業務でロボットを利用しているため現場のRPAによる自動化への抵抗は払しょくされた状態にある。

　ところがRPAを利用していると現場では新たな懸念が生まれる。

　それは自動化を進めたい反面、現状ではRPAセンターにロボット開発を委託しているため、業務内容によっては社内であっても第三者に開示できない情報がある。業務のロボット開発を行う時点で開発者は情報にアクセスが可能になってしまう。

　人事部門では人事情報を管理しているため「部外者に社員の個人情報を見せられない」という懸念や、そもそもRPAセンターに開発を委託する場合は、開発者が業務フローを理解するために業務手順のヒアリングを受ける。この作業負荷は開発する側はもちろんであるが、委託する側も時間の制約やレクチャーにかかる負荷が大きく、業務1つを自動化するたびに「毎回、開発を委託するのも……」と感じている。

　すでにRPAを利用していることもあり、ならば「自分達で開発できないか？」と考えるようになる。

　現場にRPAの開発・運用を定着することが目的であるため、ユーザー部門から「自分たちで開発できないか？」という意見がでれば、まさにRPAセンターの狙い通りだ。

　このような意見が出てきた部門については、今度は説明会ではなく"勉強会"という形でロボットの開発を希望するユーザー向けに実施する。出席者のほとんどはExcelやAccessのマクロ開発の経験のあるプ

ログラム有識者が多いが、もちろんマクロを知らないユーザーでも勉強会にて開発スキルの習得は可能だ。

勉強会は1日～2日程度実施する。出席者にはAutomation Anywhere Enterpriseの開発端末が貸与され、RPAセンターのエンジニアの指導のもとにシナリオ開発手順の手ほどきを受ける。

この勉強会では、対象部門の業務フローの基本パターンをモデルに出席者全員で同じシナリオ作成を行う。

たとえば、こちらも人事部門の事例になるが、業務フローは以下の通りである。

・Step1：人事システム（Webシステム）にログイン
・Step2：Excelから該当社員情報をコピー
・Step3：Webシステムの社員情報入力欄へ貼り付け処理を実行
・Step4：処理結果をExcelに貼り付け、添付して担当者にメール

この業務フローを仮のWebシステム及びサンプルExcelファイルを利用して、シナリオ開発を行う。

でき上がったロボットを各自で名前を付けて保存した後は、エディタ機能でスクリプトの一部を自分の担当する業務システムやExcelファイルに変更してロボットを完成させていく。

もちろん基本の業務フローとは異なる業務を自動化する際は、新たにシナリオ開発が必要になるが、「操作レコーディング」や「コマンド選択」、「デバッグ機能」によるテストなど、一連の手順を習得済みであることはシナリオ開発には大きなアドバンテージであり、現場にロボット開発・運用が定着するのは時間の問題である。

もちろんシナリオ開発は「開発ガイドライン」に基づき行われる。

なお、ユーザー部門にてシナリオ開発の手助けとなるのは「業務テンプレート」であるが、部門ごとに適したテンプレートをRPAセンターにて作成するのは、各部門の業務モデルを理解していない限り難

しい。またテンプレートを提供してもユーザーがテンプレートの中身を理解していないと利用し難いものである。

　ところが今回のように部門ごとに基本業務モデルをベースにユーザーと一緒にテンプレートとなるシナリオを開発することで、RPAセンターも苦慮することなく"使えるテンプレート"を各部門に提供することができるのである。

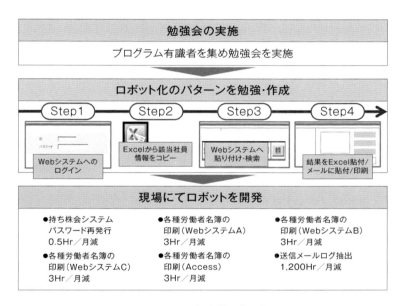

図4-25　現場主導の進め方

4. 日立ソリューションズのRPAのケーススタディ

(4) RPAセンターでのロボット開発

　全社展開のための準備すべき4つの項目について、3つ目の項目内の「RPAセンターでのロボット開発」について解説する。

　3つめの項目内のこの部分を分けたことには理由がある。

　RPAの運用においてロボット開発を現場ではなく取りまとめ部門（RPAセンター）が行う場合、RPAセンターの開発者は業務担当者に業務内容を確認しながら業務手順を理解し開発を進めるが、お互いに通常業務の合間をぬっての作業となることや開発者のヒアリングスキルや業務担当者の説明レベルにも依存することからコミュニケーションギャップが発生しがちである。その結果、この作業がRPAの全社展開のボトルネックになる場合があるほど当事者の負荷が大きく時間のかかる作業であるため、あえてこの内容をクローズアップして解説する。

　当社ではこの作業は専用ツールを使って画期的に効率的化を図っているので、ツールも含め解説する。

① 業務内容を把握するには

　RPAセンターにてロボットを受託開発するにあたり必要となる、業務担当者への業務フローやシステム操作内容のヒアリングに関しては、当初以下の手段を使って行っていた。

メモを取る

　まさしく人から話を聞く時の常用手段である。

　ただし、メモを取る話の内容は複雑な業務処理を行う作業手順だ。しかも単純に業務担当者の話すことを聞くだけではダメで、対象となる"業務システムが何で"、"どのような操作で"、"どの画面を開き"、

112

"どのデータを"、"どこに入力する"といった一連の業務プロセスを、聞き漏らすことなくメモを取るのは至難の業といえる。

結果的に、聞き漏らしが多く再度業務担当者への確認を行うことになり、画面操作を覚えきれず、なによりも業務担当者には説明の上手い人とそうでない人がいるため、この作業の成否は説明者のスキルに大きく依存する。

仕様書を作ってもらう

メモを取ることが難しければ、業務マニュアルなどの業務の手順が書かれたドキュメントを確認するのが間違いのない方法だ。ところが当社には業務マニュアルや業務手順書がない業務が多く、ほとんどの業務が担当者の頭の中という実態であった。

ならば業務担当者に業務の仕様書を作ってもらえばよい。

当社には製品開発部門やSE部門などがあり、製品や開発した業務システムなど、日頃から仕様書づくりは業務の一環として行っているため難なく作成できる。

しかし、今回作成を依頼するのは人事、総務、経理等、管理部門の業務担当者である。RPAセンターの開発者が求めるレベルのものを期待するには無理がある。

そもそも通常の業務が忙しい中、不慣れな仕様書づくりなどに時間と労力を割いてもらえるはずもなく、結果的に仕様書を作成してもらったとしても、フォーマットこそ共通化されてはいるが作成者により考え方や意図が異なり、開発者は不明箇所の確認作業に時間と労力を費やすことになってしまう。

ビデオ撮影

メモがダメ、仕様書作成もダメ、そこでたどり着いたのがビデオ撮影であった。

撮影にはカメラ、三脚等の機材を準備しようとしたが、社内規定により機材持ち込みが難しかったため業務用スマートフォンを使用した。

業務担当者の許可を取り、撮影開始だ。

実際にやってみると、画面操作や作業手順を漏れなく記録することができるため成果は上々であった。

ところが問題は"長い！"映像を見直すには膨大な時間がかかる。1業務であればさほど気になる作業ではないが、複数の業務担当者の業務をそれぞれ撮影していくと、たまっていく映像ファイルを全部観るにはとても時間が足りない。

業務担当者が考えている時間や離席などで操作を行っていないシーンを自動でカットするようなダイジェスト版作成機能が備わっている動画編集システムが欲しいところだ……。

図4-26　業務ヒアリングの難しさ

② Process inVisionの活用（Automation Anywhere提供）が新局面を拓く

　先述のようにメモや仕様書の作成依頼、ビデオ撮影、どれも有効な手段とはいえなかった。

　当社では約3,000ステップ規模のロボットをRPAセンターにて受託開発を行った実績があるが、開発に要した開発期間はなんと"2ヶ月間"にも及んだ。

　この「RPAセンターでロボットを開発」が全社展開のボトルネックになるほどの課題であることがご理解いただけたであろう。

　このような課題を抱えていたころ、当社に朗報が入った。

　Automation Anywhere Enterpriseのオプションで「Process in Vision」というアプリケーションの存在を知ったのだ。

　これは米国Automation Anywhere社が開発専任者によるロボット開発を効率化するために開発した製品であり、業務担当者が操作した画面キャプチャリングと操作履歴を自動抽出する機能であり、Automation Anywhere Enterpriseの製品に実装されているレコーディング機能を利用しているためデータ取得精度も高い。

　やはりこの課題はグローバルでも発生しているものだと安堵した。

4．日立ソリューションズのRPAのケーススタディ

図4-27　Process inVisionの活用

116

Process inVision ―記録開始―

具体的な操作イメージを以下に記載する。

業務担当者はProcess inVisionをPCにインストール、またはインストールされたPCにて業務を行う。
業務を開始する時にProcess inVisionを起動し、「Record」ボタンを押して業務を開始する。

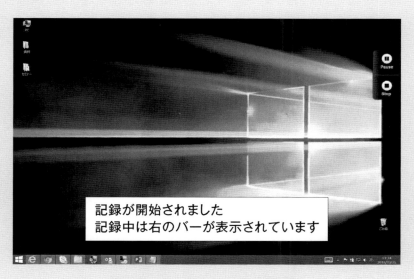

図4-28　Process inVision ―記録開始―

4. 日立ソリューションズのRPAのケーススタディ

Process inVision ―画面操作・終了―

通常通り作業を行い、作業が終了したら、デスクトップ上に表示されている「Stop」ボタンを押す。

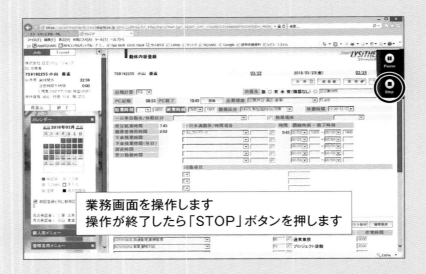

図4-29　Process inVision―画面操作・終了―

Process inVision ―確認・手順記入・Export―

　入力された業務システムの画面が、作業フローに沿ってキャプチャリングされ、同時にマウスクリックやキー入力などの操作内容も出力される。

　操作した業務システム画面キャプチャーの横に入力欄が表示されるため、手順の説明を記入することもできる。

　これにより、どの画面で何を入力し画面遷移と操作内容が表示されることで、業務手順も明確になる。

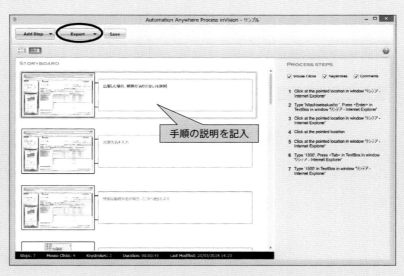

図4-30　Process inVision ―確認・手順記入・Export―

4. 日立ソリューションズのRPAのケーススタディ

Process inVision —ExportされたPowerPointファイル—

　このように記録された情報をPDFやPowerPoint等に簡単にExportすることができる。

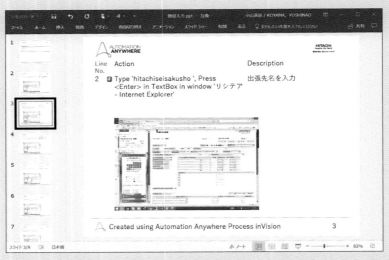

図4-31　Process inVision —ExportされたPPT—

Process inVision ―操作フィールドは赤枠（ZOOM）―

　しかもキャプチャリングした画面の入力した箇所は太枠でマーキングされる。

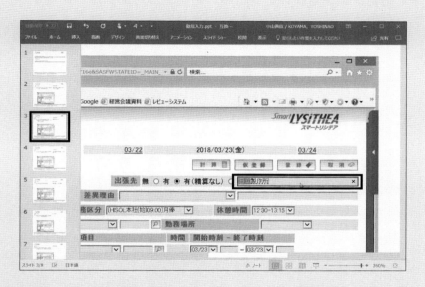

図4-32　Process inVision ―操作フィールドの表示―

Process inVision ─PowerPointに自由に追記─

PowerPointにExportしておけば編集が可能なため、吹き出しなどを追記すればロボットの仕様書としても流用することができる。

つまり、当社はロボット開発と合わせてロボットの仕様書も作成しているが、仕様書が同時にでき上がることはドキュメント作成の負荷も低減され、大きなメリットであった。

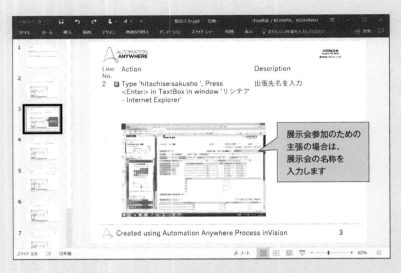

図4-33　Process inVision –PPTに追記自由-

③ Process inVision活用による効果

このProcess inVision活用による効果をまとめてみた。
あらためて、Process inVision活用の流れを以下に記載してみよう。

（0.準備）Process inVisionがインストールされたPCで業務操作が可能であることを確認
①業務担当者は、Process inVisionをON、いつものように業務操作
②業務担当者は、自動生成された各操作のスクリーンコピーに操作内容を追記しRPAエンジニアへ送付
③RPAエンジニアは不明点がある場合、質問票に整理して業務担当者にヒアリング

このように業務担当者は通常通り業務を行うだけで、RPAセンターのエンジニアは業務フローに沿って業務システムの操作内容や手順を把握し、業務担当者へ確認を行う際も業務フローと作業内容が記載されたドキュメントをベースに会話することができる。

このツールを利用したおかげで、これまでの作業時間が10分の1程度に短縮されたとの報告も上がっている。

Process inVisionの効果は以下の通りだ。
・業務ヒアリング効率が飛躍的に向上
・業務プロセスの可視化により業務の課題が明確化
・ロボット化の可否判断
・ロボット仕様書も同時に完成
・仕様書は業務マニュアルとしても活用可能
　副次的効果としてはロボット仕様書の同時作成以外にも、業務の手順が可視化するために業務内容・業務フローの見直しであるBPR（Business Process Re-engineering）を行うことができる。

当社では業務の自動化を行う前に、Process inVisionにて抽出した各操作のスクリーンコピーを共通ドキュメントとして業務担当者とRPAセンターの開発者、さらに業務担当者の上司と共有し現状の業務フローの確認を行う。その際に上司から業務フローにおける無意味な作業や矛盾する箇所を指摘されることがあり、そこで初めて業務フロー無駄や改善すべき箇所が発見されるという事例もあった。これらの無駄な作業については前任者からの引き継ぎの時からそのまま実行されていたそうだ。

業務の自動化を行う際は自動化に適するように既存の業務フローの見直し・変更を行うものであるが、この作業を外部のコンサルティング会社に委託する場合は高額なコンサルティング費用が必要になるが、あくまでも簡易的なBPRではあるが当社の事例のようにProcess-inVisionにより自社でBPRを実施できる点は画期的といえる。

もう一点、忘れてはならない効果があることを伝えておきたい。

RPAにて自動化した業務の担当者は、別の業務を担当し自動化した業務からは離れる場合もある。もし不測の事態等が発生しRPAシステムが停止すると事業継続が困難になりかねない。

このような時のために自動化した業務にはBCP（Business Continuity Plan）の観点からも業務マニュアルが不可欠であり、自動化と業務マニュアル作成はセットで考える必要があるのだ。

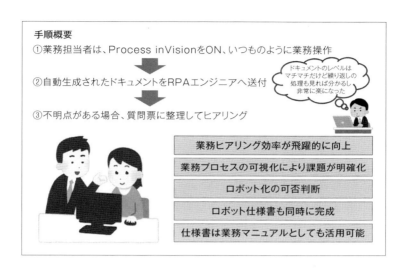

図4-34　Process inVision活用による効果

[ロボット開発委託の申請フロー]

　あらためてRPAセンターにてロボットの受託開発を行う際のフローを見てみよう。

　ユーザー部門がロボット開発を委託する場合は、「開発依頼申請書」に必要事項を記入し開発依頼を行う。

　RPAセンターに開発依頼を受け付けると、Process inVisionがインストールされたPCでの作業依頼を行う。仮に業務端末が限定されていて専用PCでないと業務を実行できない場合は利用するPCにProcess inVisionのインストールを行う。

　Process inVisionにて生成した業務フローをもとにRPAセンターにて開発依頼者に業務ヒアリングを行い、開発の可否や想定される開発期間など難易度を判定する。

　依頼者と開発に合意すると、RPAセンターにて仕様書を作成し、開

発を開始する。

　シナリオ開発が終了すると依頼者立会いの下、テスト環境にてロボットの動作確認やチューニングを行う。

　依頼者の検証が完了すると運用環境へロボットを登録（入庫）し、運用環境でのテストを行い問題がなれければ、業務利用開始となる。

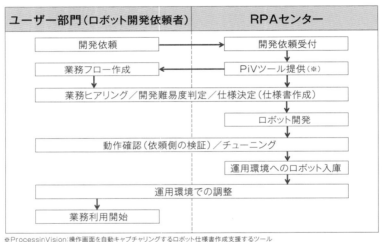

図4-35　ロボット開発受託のフロー

(5)部品・ナレッジを共有して、全社展開を進める

　全社展開のための準備に関する4つ目の項目「部品・ナレッジ共有」について解説する。

　利用可能な全社で活用しているロボットの共有や、Automation Anywhere Enterpriseの特徴的な機能である操作ごとに部品化したロ

ボット部品の共有、サンプルロボットの参照、開発ノウハウの共有、FAQ、開発者間での情報交流（フォーラム）など、これらの情報共有を行う場の提供によりRPAの全社活用を促進することができる。

「部品・ナレッジ共有」に当社が運用しているRPAに関する情報を集約した「RPAスクエア」という名称のポータルがある。

このポータルは当社全社員にアカウントを付与し、イントラのポータルサイトからシングルサインオンでログインすることができる。

RPAの全社展開・運用に必要な標準化・情報を掲載しており、「RPAってなに？」というユーザーはRPA紹介動画や説明資料を参照し、「ロボットを開発したい」、「開発を依頼したい」というユーザーは申請フォームからロボット開発を申請することができる。もちろん開発や運用のルールや制限事項が記載された「開発ガイドライン」、「運用ガイドライン」もここから参照することができる。

また、技術的な課題やトラブル時の解決方法を見つけたい時はFAQの検索や、開発者間の情報交流の場であるフォーラムで解決することも可能だ。

ロボットの共有の場としても社内で活用されているロボットが一元管理されており、ユーザーはロボット一覧から参照することが可能であり、検索についても"業務名称"での検索はもちろん"システム名称"で検索することもできる。

ユーザーが新たにロボットを開発したい場合は検索を行うことで、すでに社内に存在する同様の業務操作を自動化するロボットを見つけることができる。

この機能により各現場で同じようなロボットを重複して開発するというありがちな課題を解決することができるのだ。

なお、一元管理された全社のロボット検索については、社内システムの変更・更新が行われた際に、影響を受けるロボットの検索にも役立つ。

たとえば、給与システムが改修されたとしたら、「給与システム」と入力して検索すれば給与システムを操作しているロボットが一覧で表示され、各ロボットの仕様書や管理者情報も記載されているため、管理者が各ロボットのオーナーにシナリオ修正の依頼をかける場合も有効な機能だ。

このようにRPAの情報を集約するポータルサイトの運用は、RPAの全社運用に不可欠な機能であることを当社はこれまでの全社運用を通じて実感している。

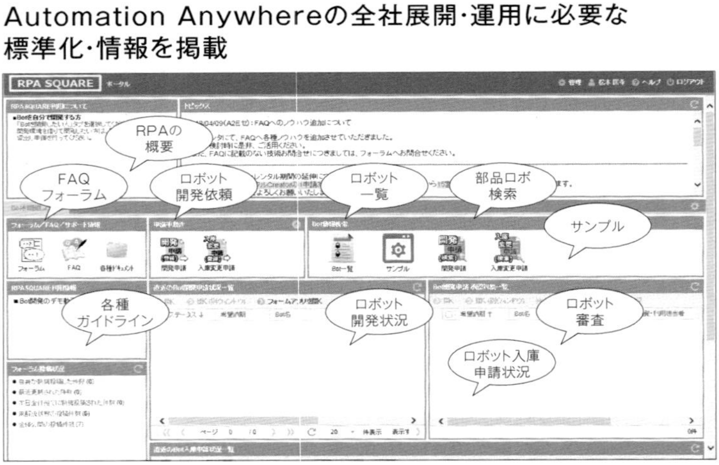

Automation Anywhereの全社展開・運用に必要な 標準化・情報を掲載

図4-36当社のRPAポータルサイト＜RPAスクエア＞

(6) 全社展開に役立った必須のコンテンツ

ここまで当社事例で解説したように全社展開のための準備として、「RPA周知と対象業務の選定」、「ルール制定・標準化」、「ロボット開

発」、「部品・ナレッジ共有」の4つの項目について取り組んできた。

それぞれの項目に関する作業は当社にとっても初めての経験であり、一般にインターネットや書籍などに公開されている情報としても参考になるものは少なく、失敗を繰り返しながらの手探りの状態であった。特に苦労して取り組んだことは運用・開発ガイドラインやFAQ、ロボット仕様書などのコンテンツ作成であるが、あたらためて全社導入のために準備したコンテンツに関して、必要度の観点からもまとめると以下の通りである。

① **運用ガイドライン：必要度　→　Must**
　　全社でRPAの円滑な運用に不可欠であり、以下の内容を記載
　　・目的／用語の定義
　　・RPAセンターの位置づけ／役割り
　　・ユーザー部門への開発環境／実行環境の提供方法と管理規定
　　・費用負担の考え方
　　・利用者の権限範囲
　　・ロボット資産の考え方
　　・開発機貸出の手続き方法
　　・RPAセンターへの開発委託の手続き方法
　　・アカウントの種類／権限設定／運用
　　・ロールの種類／権限設定／運用
　　・リポジトリの構成／運用
　　・ロボットの入庫処理
　　・ロボットの実行に関する運用

② **開発ガイドライン：必要度　→　Must**
　　ロボット開発の標準化を図る目的であり、以下の内容を記載。
　　・目的／用語の定義

- 自動化対象業務の選定基準
- 開発の規定
- 開発プロセスの定義
- ロボット仕様書フォーマットと作成方法
- ロボット動作確認とチューニング
- 実装すべき基本処理／パラメータ／エラーハンドリング処理の組み込み
- 負荷対策／テスト実施／禁止事項に関する規定
- セキュリティ対策

③ FAQ（Tips）：必要度　→　Must

よくある質問はFAQで解決することで、ユーザーからの問合せへの対応工数を削減することができる。

なお、FAQだけでなくマニュアルには記載されていない"開発のコツ"や"便利な裏ワザ"などTips（Technical information processing system）を記載するのも効果的である。

④ サンプル・部品ロボット：必要度　→　Must

流用可能な汎用型ロボットソースコードを提供することで、ユーザーのロボット開発を効率化することができる。このようにロボット部品の共有によりユーザーのシナリオ開発ミスを削減することも可能になり、またRPAセンターへの開発依頼件数の減少も期待できる。

⑤ テストチェックリスト：必要度　→　Must

テスト項目のチェック漏れを防ぐことに貢献し、不具合のあるロボットの稼働や不具合発生時の処理の負荷を低減できる。

⑥ 仕様書サンプル：必要度　→　Must

　第三者が引き継ぎしやすいようにロボットの仕様を共有する。

　ユーザーがシナリオを開発する際に合わせてロボット仕様書を作成することはシステム開発者ではないユーザー部門にとっては難易度の高い作業であるが、サンプルを提供することで仕様書の作成を支援する。また、作成者により記載内容やレベルの異なることを標準化する狙いもある。

⑦ ヘルプデスク：必要度　→　Must

　専門エンジニアによるサポートであり、ユーザー部門がロボット開発を行う際に不可欠な機能といえる。

⑧ 開発申請用ワークフロー：必要度　→　Better

　開発機貸出運用の効率化を目的としたものであるが、WordやExcelにて申請書フォーマット用意し、申請者は必要事項を記載しメールに添付することで運用することも可能であるため、"Must"とはしていない。ただしワークフローがあれば適切な承認フローと承認履歴の管理、さらには申請者が承認状況を確認できる点はメリットといえるであろう。

⑨ 開発済みロボットの検索画面：必要度　→　Must

　ロボット稼働実績の共有（共通システムの稼働実績確認など）により、社内でどのようなロボットが稼働していることが分かると同時に、どのようなロボットが開発されたのかを把握することができる。

　これはユーザーがロボットを新規に開発する際に、すでに同様のロボットが存在し流用することで重複するロボットの開発をするような非効率な運用を防止する効果もある。

　なお、ロボットの検索は業務名だけでなく、自動化したいシステム

から検索ができればより効率的な共有が可能になる。

⑩ フォーラム：必要度　→　Better

　ユーザー部門の開発者間の情報交換（社内版「Yahoo！知恵袋」）に関しては"Better"としているが、当社が社内でフォーラムを運用した限りでは、さまざまな効果が生まれている。

　ユーザーの課題に対して、管理者の立場ではなくユーザー目線の回答は同じ境遇での経験談であることから的確な回答が得ることができる。

　また、ユーザー部門の中からRPAに特段に詳しい知識や開発スキルを持った人材が現れ脚光を浴びる。人材の発掘にもつながる。

　このような人材の投稿は高度な解決方法や裏ワザの発見などが含まれ、RPAセンターとしても投稿情報を活用し、FAQへの反映やユーザーから質問への回答に流用することができる。

　なお、これらのコンテンツについては、多くのお客様から当社は提供依頼を受けており、これまでSIとして個別に対応してきた。

　しかし、当社の対応可能なSEも限られており、リソースが枯渇していることから、お客様向けサービスとして当社の知見・ノウハウを機能やコンテンツとして専用ポータルにオールインワンで組み込み、ユーザー向けヘルプデスクについても当社のオペレーターが対応する「RPA運用支援クラウドサービス」を社外向けに販売している。詳細は当社Webサイト、または当社営業までお問合せいただきたい。

(7) 導入時の「8つの課題」を解決

あらためて「RPA全社導入における8つの課題」の解決状況を見てみよう。

当社はAutomation Anywhere Enterpriseを選択したことで、8つの課題のうち一部自動化に苦戦している業務はあるものの、以下4つの課題は大よそ解決済みである。

2 「ロボット開発は難しくない」
4 「自動化したい業務はほぼ自動化できる」
5 「ROIを算出できる」
8 「セキュリティの問題なし」

その他の以下課題。

1 「野良ロボット／闇ロボットが発生しない」
3 「現場への展開・定着」
6 「全社で管理・運用する」
7 「IT部門のロボット開発負荷が少ない」

これらの課題については、どうだろうか？
あらためて以下に解決状況をチェックしてみよう。

1「野良ロボット／闇ロボットが発生しない」→解決！

現場で開発されたロボットファイルは開発環境に登録され、ロボットが実行される本番環境に登録する際に「申請」→「審査」→「承認」というプロセスを経由する中で「開発ガイドライン」に基づき登録・実行されるため、持ち主のわからない「野良ロボット」やコンプライアンス違反の「闇ロボット」が発生することはない。

133

3「現場への展開・定着」　→　解決！

現場への説明会については各職場の実業務を事前にロボット化したデモの実施や、各職場の業務パターンを想定した勉強会の実施と業務テンプレート提供等により、現場への展開・定着を推進。

6「全社で管理・運用する」　→　解決！

RPAセンターの設置や開発・運用ルールの整備、現場への教育・開発支援、さらにはポータルを活用したナレッジ共有の仕組みにより、全社で管理・運用が可能になる。

7「IT部門のロボット開発負荷が少ない」　→　解決！

IT部門が現場の業務をユーザー部門に代わって自動化（ロボット開発）を行うことにポイントとなるRPAセンターの開発者による業務担当者への業務内容・手順のヒアリングに関して、Automation Anywhere Enterpriseのオプション製品である「Process inVision」による効率化が可能だ。

ただし、RPAセンターで開発したロボットについては、ユーザー部門で開発したわけではないので、保守面での負荷は残るがProcess inVisionにて作成した「ロボット仕様書」が保守に関する運用負荷の軽減に貢献している。

このように当社はRPA全社運用を行う中で、製品機能や運用、周辺ツールを活用することで、8つの課題を解決している。

4-3 業務での実例をみる

（1）RPAに適している社内業務を抽出する

当社でRPAを活用して自動化を行っている業務事例について紹介する。

当社はRPAを全社で活用することにより全体で7,186時間の作業時間の削減を創出していることは先述の通りであるが、自動化の対象となった業務の内訳を見ると、1業務の作業時間は月に2時間や3時間程度といったように1件1件の改善効果は決して大きいものではない。ただし自動化した109業務の作業時間を合計すると大きな効果を期待できるものである。

また、業務担当者にとっては、作業規模は小さくとも毎月定期的に行う業務であれ、突発的に発生する業務であれ、煩わしい業務から解放されることは、これまでやりたくても忙しくて手が回らずに懸念材料となっていた作業への仕掛りやモチベーション向上にも貢献する。

組織にとっても、業務が自動化される段階で業務プロセスが可視化し、また担当者が不在時でも業務を実行することができることは、業務の属人化の防止にもつながる。

ちなみに人事部門からの報告によると、繁忙期の10月を対象にRPA導入前の2016年と導入後の2017年を比較すると、1人あたりの平均残業時間が65時間→30時間となっており35時間の削減に成功している。

4．日立ソリューションズのRPAのケーススタディ

部門	業務内容	頻度	効果（hr/月）
	人事調査用データの作成	半期	32
	Webシステムパスワードの再発行	随時	3
	部門単位でファイルの分割・集約	半期	2
人事総務本部	健康管理・勤怠実務データの作成	月次	4
	出金伝票システムへの転記作業	随時	7
	会議室課金の振替処理	日次	10
プロジェクトマネジメント本部	出荷予定と出荷実績の突き合わせ確認	日次	8
事業部門	他社購入品発注依頼のワンオペレーション化	日次	50
	業績取纏表の作成	月次	40
	進行基準の処理	四半期	25
財務本部	決算帳票及び開示帳票の処理	四半期	13
	請求処理	月次	80
	旅費精算の処理	月次	80

自動化対象業務109件を抽出し、全体で7,186時間の削減効果

図4-37　当社のRPA適用業務一覧

（2）現場の活用事例をみる

　ここからは当社の管理部門を中心に活用事例を紹介していく。

① 労務部門「健康管理用の勤休データの作成」業務

　毎月、月初めに必ず実施している作業であり、作業内容はあらかじめExcelにて「勤怠集計データ」フォーマットを作成し、勤怠管理システムから対象となる社員の勤怠実績データのダウンロードを行う。1回の操作で2,000人までダウンロード可能であるが当社は社員数が5,000人であるため、3回に分けて実施する。社員名簿から役職情報、組合員名簿から組合員情報を取得し、それぞれのデータを「勤怠実績

データ」にマージしていく。

そこから組合員のみを抽出し「組合向け勤怠集計データ」に成型し、組合に提出する。

また、作成した「勤怠実績データ」に出向している社員の情報、人事情報、過去の実績等を追加し、「健康管理用マスターデータ」として利用する。

これらの一連の作業は、担当者1名で4時間かけて行っている業務であったが、RPAを活用することで、途中段階で人がチェックを行うものの、10分程度の作業時間で終了する。

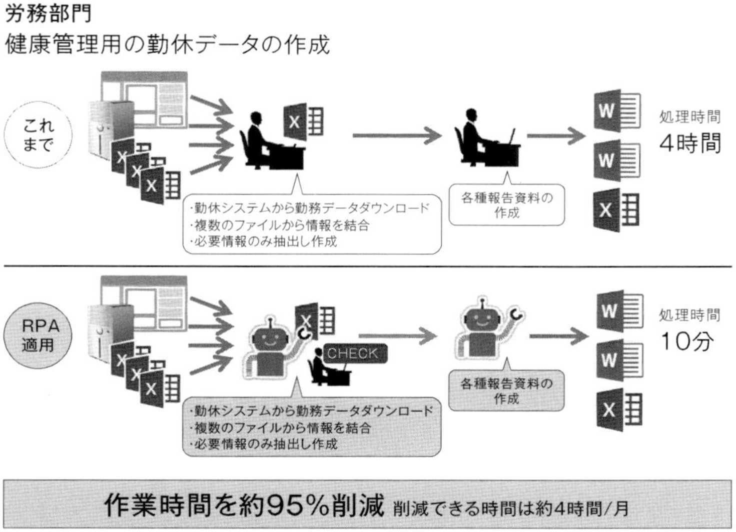

図4-38　労務部門における活用事例①

② 労務部門「持株会システムパスワード再発行」業務

持株会会員の社員から不定期にパスワードの再発行が依頼される。

依頼はメールで届き、受け取った担当者は会員名簿にて情報を確認した後、持株会業務支援システムにログインし、システムメニューから"社員検索"を選択し該当社員の情報を入力し検索を行う。システムメニューから"パスワード変更"を選択し、入力欄に変更パスワード（乱数）を入力。再設定したパスワードをコピー＆ペーストでメール本文に記載し、社員に通知。

これらの一連の作業は、担当者が10分で完了する業務であるが、RPAを活用することで、1分程度の作業時間で終了する。

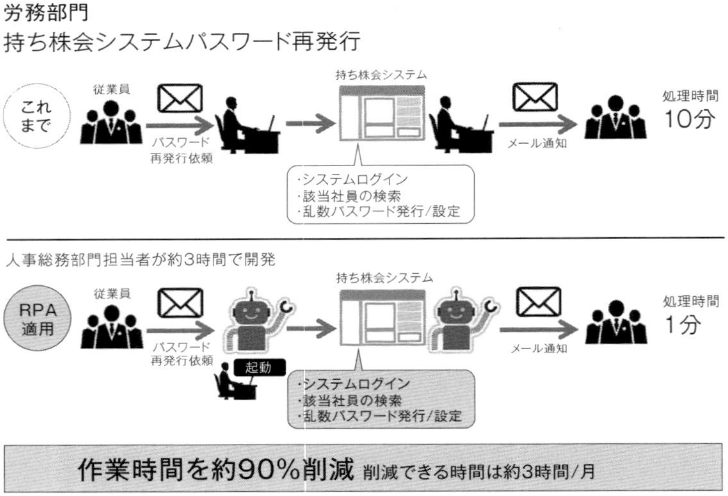

図4-39　労務部門における活用事例②

③ 人事部門「人事調査用データの作成〜送信」業務

　当社では人事査定は半年に1度（年2回）のタイミングで行われる。

　作業内容は、各部門にて社員の人事査定が行われ、査定結果はExcelフォーマットに記入し、人事部門に提出される。提出された部門ごとの査定表Excelを結合し、社員ごとに過去2期分の査定結果と所有している資格、勤休データを人事管理システムや勤怠管理システムから社員一人ずつデータを抽出し、Excelに転記していく。

　そして、人事査定が完了すると、結果を各本部に展開するため統合されたExcelを本部ごとに分解し、メールにExcelを添付して各本部に通知する。

　これらの一連の作業は、30人日分の作業であるが担当者2名により15日かけて行っている。RPAを活用することで、途中段階で人がチェックを行うものの、6人日程度の作業で終了する。

　なお、人事査定に関する作業は各社員にとっても会社にとっても、ミスが許されない作業であり、もしくは不正などはあってはならない作業であるが、人が介在する以上はヒューマンエラーを完全に防ぐことは難しい。

　RPAによる自動化は人が介在することなく作業が完了し、作業内容が正しく行われたかどうかについても証跡（ログ）が残るため内部監査にも対応可能となる。

　今後、企業内では不正防止や内部統制の観点からもRPAの活用がより一層進むものと思われる。

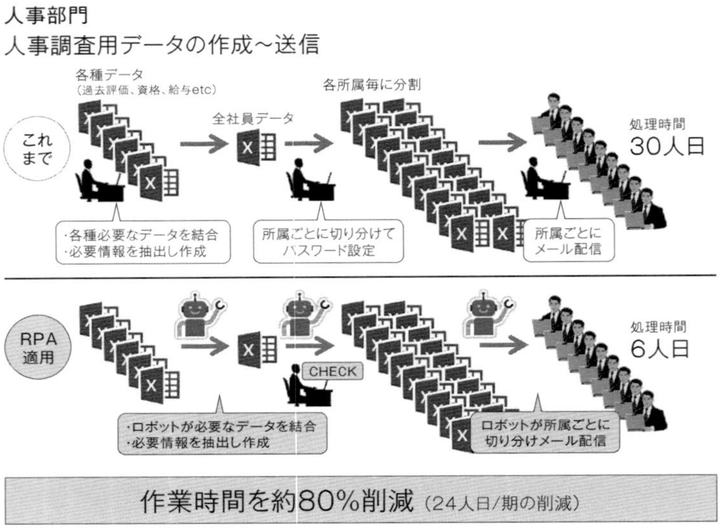

4. 日立ソリューションズのRPAのケーススタディ

人事部門
人事調査用データの作成～送信

作業時間を約80%削減（24人日/期の削減）

図4-40　人事部門における活用事例

④ 財務部門「業績取りまとめ表の作成」業務

　月に3回実施している作業であり、作業内容は業績予実算管理シス
テムから各本部の業績データをダウンロード、またファイルサーバに
て保管されている前月分データのダウンロードを行い、複数のTSV
（Tab Separated Values：文字と文字列の間にタブ記号を挿入して
区切って管理するファイル形式）データをあらかじめExcelマクロで
作成した業績管理表作成ツールにて処理を実行。結果をExcel形式の
「業績管理表」フォーマットに転記する。

　なお、業績予実算管理システムからデータダウンロードにかかる時
間は30分であるが、対象となる事業部門は7事業部門のため210分の
作業であり、月あたりの作業時間を合計すると13時間にもおよぶ。

これらの一連の作業にRPAを活用することで、人が行うのは起動指示のみとなり2分程度の作業時間で終了する。

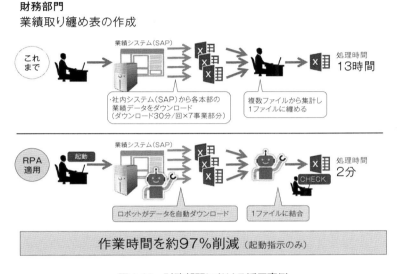

図4-41　財務部門における活用事例

　ちなみに当社の「業績予実算管理システム」はSAP（ドイツのソフトウェアメーカ製ERPパッケージ）であるが、当社の基幹系システムは2010年に日立グループ共通システムに統一されており、その基盤がSAPとなっている。
　日立グループ共通基盤であるため、当社の業務に適した機能や画面の追加開発を行うことができない。そのため2010年以前の当社独自システム環境と比較すると作業にかかる時間が増加しており、財務部門を例にすると受注・入金管理等が多い繁忙月では1人あたりの残業

時間は、25時間→40時間であり、なんと15時間も増加している。

　基幹系システムについては、1つの業務を処理するには複数の入力画面を操作する必要があるが、基幹系システム構築時に予算不足や費用対効果の問題で開発を見送られたことや、当社のようにグループ共通基盤を利用しているために個社ごとに必要なシステム改修ができないといったことが要因であることが多い。

　このような課題の中、RPAによる自動化の対象に基幹系システムを対象にすることは効果が大きく、SAPなど、EPRパッケージに対応しているRPA製品を選定することも重要なポイントといえる。

⑤ まとめ

　最後にまとめとして、「労務観点指標」における成果を見てみよう。

　当社が取り組んできた働き方改革全体における成果をまとめている。項目ごとでは以下の通りだ。

　なお、指標は2011年度を100％とした場合の2017年度の数値を算出している。

月に80時間を超える残業発生率

　2011年度の100％に対して22％まで低下している。

　これは長時間残業する月が減少しているといえるが、業務や部門により繁忙期があり、従来であればその月は長時間の残業で対応することは必然といえる。

　先述の通り、当社内でRPAを積極的に利用している人事部門の導入効果では繁忙期の10月に残業時間が半減していることを考えるとRPAの貢献度が高いことが推測できる。

　ただし、各事業部門において業務はプロジェクト主体であるため、働き方改革全体の中で実施してきた残業削減施策やコミュニケーショ

ン強化施策、「幹部塾」と称した経営幹部の経験談の共有などがプロジェクトマネジメント力の強化につながっていることが起因ではないかと思われる。

メンタル疾患罹病率

2011年度に比べて81%まで低下している。

こちらはRPAが直接的に影響しているとはいい難いが、メンタル疾患の発症が長時間残業に起因していることは周知の事実であり、長時間残業の減少が少なからず関係している可能性がある。

今後もRPAによる長残業時間の削減とメンタル疾患罹病率の因果関係を調査していきたい。

平均残業時間

2011年度比で90%であるため、改善はしているものの大きな効果を得ているとはいえない。

月に80時間を超える残業発生率が22%まで低下していることから考えると、本来は平均残業時間の削減率も10%程度ではなく、より大きく削減できることが想定される。

ところがそうなっていない理由として、作業時間が削減しても定時時間内であれば業務担当者が帰宅することはなく、これまで多忙により着手できなかった別の業務を実行するのが一般的ではないだろうか。

要するに削減した時間が別の仕事に振り分けられることで残業時間削減の数値に反映されていないことが推測できる。

削減された時間は付加価値の高い業務にシフトしていることに期待している。

平均年休日数

2011年度比で113%となっている。

社員の平均年休取得日数は1日または2日程度の増加であって、大幅な改善は見られていない。

ただし働き方改革の観点から考えると、業務スケジュールの都合で休みたい日に休めないという課題の改善に貢献しているのがRPAといえる。

業務によっては定期的に実施する業務がある。たとえば人事部門が毎月月初めに行う「健康管理・勤休実務データの作成」や財務部門の「業績取纏表の作成」は毎月月末に作業を行うため、担当者はその日に年休を取得することが困難であった。それがスケジューリングされた日時でRPAが自動実行されることで、業務担当者の都合で年休が取得できることになる。

年休増加分がすべてRPAの恩恵であるかは不明であるが、そうであることを願いたい。

営業利益率

最後に営業利益率であるが、こちらは2011年に比べると196%となっており大幅に利益率が向上している。

要因分析は不十分のため、あくまでも推測の域ではあるが、先述の通りプロジェクトマネジメント力強化によりプロジェクトを推進する上でのトラブル減少が考えられる。

トラブルの減少の要因にはお客様との関係性もあるが、当社社員の意識の変化によるものではないかと思われる。具体的には残業時間の削減やコミュニケーションの強化など働き方改革における複合的な施策が社員のモチベーションを向上することで、プロジェクトにかかわるメンバー一人ひとりが質の高い仕事を行い、さらにより困難な業務に果敢に立ち向かった成果ではないだろうか。

それは社員のエンゲージメント調査において「明確な方向性」や「会社への誇り」、「エンゲージメント」など2017年度にすべての項目でプラスに転じていることからも、そのように考えられる。

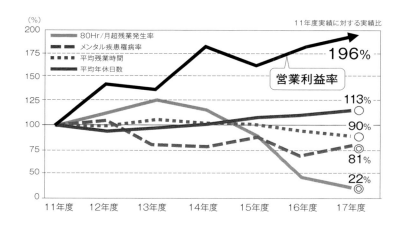

4-42　労務観点指標による成果

もう一つ最後にメッセージとして、
　RPA導入の成否は運用・管理がポイントであることを以下の3つの「格言」にまとめてみた。

・RPAの導入はゴールではなく、始まりである

・製品の選定に時間をかけるよりも、運用・管理の仕組みづくりに時間と労力をかけるべし

・ベンダー選定は、製品導入から運用・管理・サポートまで、末永く付き合える「伴侶」のごとく考えよ

あとがき

　最後に"日立ソリューションズの事例"という、どちらかといえば地味なテーマではあるが、これを書籍にまとめた経緯をお話ししたい。

　きっかけは、2017年秋に開催されたセミナーイベントにさかのぼる。
　このイベントはRPAベンダーを一堂に集めた国内初の最大級イベントであり、先進ユーザーの事例講演や、RPA事業で先行するコンサルティング会社やITベンダーが豊富な事例を紹介する場であった。
　当社がRPA事業を開始したのは2017年7月のため、まだまだ新参者といわざるを得ない。販売した事例もほとんどなく、割り当てられた40分のセッション枠で何を話せばよいのか、当社RPA事業の責任者である小山氏と私で頭を悩ませた。
　あれやこれやとアイデアを絞っていた時に、小山氏から「当社の事例だ！」という声があがった。
　確かに、当社はベンダーとしては新参者だがユーザーとしては、その当時はすでに全社展開を開始した段階にあり、1年前に製品選定を行いPoCの実施や全社組織の整備など、話せることはいくらでもある。
　早速、社内運用を担当しているIT部門／RPAセンターの井手氏にヒアリングを行い情報を入手することにした。井手氏からは社内情報であるにもかかわらず出し惜しみをすることなくさまざまな情報を公開いただいたが、それは"同じIT部門の方への苦労の手助けになれば"との想いからであったそうだ。
　こうしてでき上がった資料を見て小山氏と私が感じたことは、"こんな情報はどこにもない"ということだ。

146

RPAに関しては毎日のようにメディアを賑わせ、RPAの技術的な紹介も盛んに発信されていたが実に多かったのが金融業界をはじめさまざまな業種のユーザー事例であった。そこには自動化対象の業務の詳細こそ書かれているものの、運用面での課題や上手く運用する勘所のような情報は、あっても表面的なもので実運用に役立つような情報はどこにも書かれていない。

当社は2017年7月のRPA事業開始当初から多くのお客様から引き合いをいただき、日々お客様から相談を受けているが、実はあることに懸念を抱いていた。

それは全社展開の段階で上手くいっている企業がほとんどないということである。

当社が関与しているお客様であれば当社の知見やノウハウを提供できるが、それはごく一部でありほとんどの企業は当社と接する機会のないお客様だ。

おそらくPoCや部門内で上手くいったにもかかわらず全社展開に進むと本文に記載している8つの課題をクリアできずにRPAの効果を享受しきれない。RPAへの過度な期待があっただけに企業として"失敗"と判断されることになる。このままでは将来日本のRPAマーケットが縮小していく状況にもなりかねない。

何とかしたい！ならば当社の事例を広く深く知ってもらえる方法はないだろうか？

そこでたどり着いたのが書籍化であった。

今回の書籍は第一弾と捉えていただきたい。

当社のRPA運用・活用はまだまだ発展途上だと自覚している。

前例のない未知の分野だけに試行錯誤を繰り返しながら、よりRPAが持つ可能性を効率的に安全に引き出してくことに取り組んでいく。

第二弾でも皆様にお会いできることを期待し、本書のあとがきとさせていただきたい。

2019年吉日
株式会社日立ソリューションズ
松本匡孝

本書に記載されている会社名、商品名、ロゴは各社の商標、または登録商標です。

本書内容に関するお問い合わせについて

このたびは翔泳社の書籍をお買い上げいただき、誠にありがとうございます。弊社では、読者の皆様からのお問い合わせに適切に対応させていただくため、以下のガイドラインへのご協力をお願い致しております。下記項目をお読みいただき、手順に従ってお問い合わせください。

●ご質問される前に

弊社Webサイトの「正誤表」をご参照ください。これまでに判明した正誤や追加情報を掲載しています。

正誤表　https://www.shoeisha.co.jp/book/errata/

●ご質問方法

弊社Webサイトの「書籍に関するお問い合わせ」をご利用ください。

刊行物Q&A　https://www.shoeisha.co.jp/book/qa/

インターネットをご利用でない場合は、FAXまたは郵便にて、下記"翔泳社 愛読者サービスセンター"までお問い合わせください。
電話でのご質問は、お受けしておりません。

●回答について

回答は、ご質問いただいた手段によってご返事申し上げます。ご質問の内容によっては、回答に数日ないしはそれ以上の期間を要する場合があります。

●ご質問に際してのご注意

本書の対象を越えるもの、記述個所を特定されないもの、また読者固有の環境に起因するご質問等にはお答えできませんので、予めご了承ください。

●郵便物送付先およびFAX番号

送付先住所　〒160-0006　東京都新宿区舟町5
FAX番号　　03-5362-3818
宛先　　　　（株）翔泳社 愛読者サービスセンター

※本書に記載されたURL等は予告なく変更される場合があります。
※本書の出版にあたっては正確な記述につとめましたが、著者や出版社などのいずれも、本書の内容に対してなんらかの保証をするものではなく、内容やサンプルに基づくいかなる運用結果に関してもいっさいの責任を負いません。
※本書に掲載されているサンプルプログラムやスクリプト、および実行結果を記した画面イメージなどは、特定の設定に基づいた環境にて再現される一例です。
※本書に記載されている会社名、製品名はそれぞれ各社の商標および登録商標です。

【著者紹介】

松本　匡孝（まつもと　きよたか）

1989年　株式会社日立製作所入社。マーケティング業務経験を経てコラボレーション事業の立ち上げに参画し、コラボレーション分野のスペシャリストとしてセミナー講演やコンサルティングなど拡販活動に従事。2014年に株式会社日立ソリューションズにてリリースしたコンテンツ管理とセキュリティを強化した次世代型コラボレーション製品の企画・開発に参画。主にオープンイノベーションや産学連携をテーマに活動。2016年から社内の働き方改革プロジェクトに参画。現在は働き方改革プロジェクトを通じて蓄積したノウハウや知見の外販を目的に、2017年にリリースした「ワークスタイル変革ソリューション」事業にてエバンジェリストとして拡販・導入コンサルティングを担当。

【協力】

株式会社日立ソリューションズ
小山　善直（こやま　よしなお）

株式会社日立ソリューションズ
井手　悦雄（いて　えつお）

Editorial & Design by Little Wing

Illustration : Yune Hikosaka

KEYS TO RPA SUCCESS
日立ソリューションズのRPA成功法則

2019年4月10日　初版第1刷発行（オンデマンド印刷版 Ver.1.0）

著　　　者　　松本　匡孝
発　行　人　　佐々木 幹夫
発　行　所　　株式会社翔泳社（https://www.shoeisha.co.jp）
印刷・製本　　大日本印刷株式会社

©2019 Kiyotaka Matsumoto

本書は著作権法上の保護を受けています。本書の一部あるいは全部について株式会社翔泳社から文書による許諾を得ずに、いかなる方法においても無断で複写、複製することは禁じられています。本書へのお問い合わせについては、149ページに記載の内容をお読みください。落丁・乱丁はお取り替えいたします。03-5362-3705までご連絡ください。

※本書に記載されている会社名、商品名、ロゴは各社の商標、または登録商標です。

ISBN978-4-7981-6225-6　　　　　　　　　　　　　　　　Printed in Japan